# Die strafrechtliche Verantwortlichkeit für auf Befehl begangene Handlungen

insbesondere nach Militärstrafrecht.

---

Von

Dr. **Fritz van Calker.**

**München** und **Leipzig.**
Druck und Verlag von R. Oldenbourg
1891.

Dem Andenken

meiner lieben Eltern

gewidmet.

# Inhaltsverzeichniss.

## Erster Theil.

### Bedeutung des Befehls im Allgemeinen.



## Zweiter Theil.

### Bedeutung des Befehls im militärischen Dienstverhältniss.

Erster Theil.

# Bedeutung des Befehls im Allgemeinen.

---

Capitel 1.

# Vorbemerkung.

Die Strafe dient dem Schutz der Interessen des Einzelnen und der Gesammtheit. Jedes Interesse, dessen Verletzung mit staatlicher Strafe bedroht ist, ist ein Rechtsgut*). Der Schutz, den die Rechtsordnung den Interessen des Einzelnen und der Gesammtheit gewährt, ist aber kein absoluter; im Fall der Collision der Interessen versagt sie den durch Strafdrohung begründeten Schutz bald diesem, bald jenem Rechtsgut. Welches der collidirenden Interessen dem andern weichen müsse, entscheidet sie dabei je nach der Wichtigkeit derselben für die Gesammtheit; die Rechtswidrigkeit und damit die Strafbarkeit der Verletzung des in dem concreten Fall minderwerthig erscheinenden Rechtsgutes ist für diesen Fall aufgehoben, denn das Gesetz hat die Verletzung erlaubt, oder sogar befohlen. Die Verletzung ist deshalb nicht gesetzwidrig, sondern sie ist gesetzgemäss**) — eine »strafbare Handlung« ist somit hier niemals vorhanden. Der Gesetzesbefehl wirkt als allgemeiner Schuldausschliessungsgrund.

Die Gesetzgebungen haben nur theilweise diesen Satz ausdrücklich ausgesprochen; so enthält das deutsche Strafgesetzbuch keine Bestimmung, durch welche die Straflosigkeit desjenigen ausgesprochen wird, der eine vom Gesetz befohlene Rechtsgüterverletzung begangen hat, dagegen hat das jüngste Strafgesetzbuch der Codice Penale per il Regno d'Italia vom 3. Juni 1889 eine derartige allgemeine Bestimmung aufgenommen. Artikel 49 daselbst lautet nämlich: »Non è punibile colui che ha commesso il fatto:

*) Vgl. H. Meyer, Lehrbuch des deutschen Strafrechts. (4. Aufl.) S. 37. v. Liszt, Lehrbuch des deutschen Strafrechts. (4. Aufl.) S. 8.

**) l. 13 § 1 D de iniur 47. 10 »Is, qui jure publico utitur, non videtur iniuriae faciendae causa hoc facere iuris enim executio non habet injuriam.«

per disposizione della legge, o per ordine, che era obbligato ad esequire dell' Autorità competente*)«.

Eine ähnliche Berücksichtigung des Gesetzesbefehles findet sich schon im französischen Strafgesetzbuch vom 25. September 1791 2e part; tit. 2, sect. 1, art. 3: »Dans le cas d'homicide légal, il n'existe point de crime, et il n'y a lieu à prononcer aucune peine ni aucune condamnation civile«.

art. 4: »L'homicide est commis légalement lorsqu'il est ordonné par la loi et commandé par une autorité légitime«.

Im Gesetzbuch von 1810 haben dann diese Bestimmungen, die nur von der auf Befehl des Gesetzes ausgeführten Tödtung sprechen, auch auf andere Verletzungen Ausdehnnng gefunden; Art. 327 sagt: »Il n'ya ni crime, ni délit, lorsque l'homicide, les blessures et les coups étaient ordonnés par la loi et commandés par l'autorité légitime**)«.

Der Fall, den Artikel 4 des Code pénal vom Jahre 1791 zunächst berücksichtigen will, ist wohl der der Tödtung eines zum Tode Verurtheilten durch den Scharfrichter. Hier hat das Gesetz gleichsam selber die Tödtung befohlen und den Schutz, den das Rechtsgut des Lebens allgemein geniesst, für den concreten Fall dadurch aufgehoben.

Die Bestimmung des Artikel 4 ist in Artikel 327 des Gesetzbuchs von 1810 auf Körperverletzungen ausgedehnt, im italienischen Strafgesetzbuch endlich vollkommen verallgemeinert.

Es kann einem Zweifel nicht unterliegen, dass auch im Geltungsgebiete des deutschen Strafgesetzbuches schwerlich ein Scharf-

---

*) Vgl. Motive (Progetto del Codice Penale per il Regno d'Italia presentato alla Camera dei Deputati del Ministro Zanardelli) XLVII. S. 167.

Dazu v. Liszt, Der italienische Strafgesetzentwurf 1887 (Abhandlungen des criminalistischen Seminars zu Marburg. Bd. 1. S. 31).

H. Seuffert, Mittheilungen aus dem italien. Strafgesetzentwurf (Festschrift zum 50jähr. Doctorjubiläum Gneists. Breslau 1888). S. 158.

**) Ueber diese Bestimmung:

Le Sellyer, Études sur le Droit Criminal (Paris 1874) Bd. I. S. 239 ff.

Ortolan, Éléments de droit pénal. 4. Aufl. S. 195.

Chauveau, Adolf et M. Faustin Hélie, Theorie du Code Pénal (6. Aufl. Paris 1887). S. 187 ff.

Garraud, Précis de Droit Criminel (3. Aufl. Paris 1888). S. 190.

Garraud, Traité théorique et pratique du Droit pénal français (Paris 1888). Bd. 1. S. 410 f.

Laborde, Cours élémentaire de Droit criminel (Paris 1891). S. 118 f.

richter je wegen Mordes angeklagt werden wird, weil er einen zum Tode Verurtheilten hingerichtet hat, obwohl das Gesetz keinen Paragraphen enthält, der die Straflosigkeit dieser Tödtung ausdrücklich ausspricht — im Gegentheil § 211 sagt: »Wer vorsätzlich einen Menschen tödtet, wird, wenn er die Tödtung mit Ueberlegung ausgeführt hat, wegen Mordes mit dem Tode bestraft«. Sämmtliche Merkmale des gesetzlichen Thatbestandes in § 211 erscheinen bei der Hinrichtung gegeben; doch eines fehlt: die Rechtswidrigkeit der Handlung. Das Gesetz hat dem wegen Mordes Verurtheilten den Schutz des Rechtsgutes des Lebens entzogen; die Tödtung ist straflos. Wir müssen also den Ausdruck »Tödtung« hier in einem ganz bestimmten Sinne verstehen — im Sinne von »Hinrichtung«. Nicht, wie einst, ist Jedermann zur Vollstreckung des Todesurtheils berechtigt, der den friedlosen Mörder ergreift*), nur der Scharfrichter, der zu der Hinrichtung durch die zuständige Behörde ausdrücklich ermächtigt ist, vollzieht die Tödtung straflos — allgemein gesprochen: Der Gesetzesbefehl allein genügt nicht, der Befehl durch die zuständige Gewalt muss hinzukommen. Der Grund ist folgender:

Das Gesetz wendet sich mit einem Befehl zur Vornahme von Rechtsgüterverletzungen niemals unmittelbar an alle ihm Unterworfenen, an alle Staatsangehörigen, sondern es befiehlt die Vornahme zunächst nur einem bestimmten Personenkreis**). Die dem bestimmten Personenkreis Angehörigen sind, wenn die gesetzlichen Voraussetzungen gegeben erscheinen, verpflichtet, die Verletzungen entweder selber vorzunehmen, oder aber die Vornahme derselben den ihnen untergeordneten Organen zu befehlen. Nur diese durch das Gesetz, bezw. die zuständige staatliche Gewalt ermächtigten Personen sind berechtigt, die Rechtsgüterverletzungen vorzunehmen, nur sie nehmen die Verletzungen vor, ohne sich strafrechtlich verantwortlich zu machen***).

---

*) vgl. Geib, Lehrbuch des deutschen Strafrechts. 1862. Bd. II. S. 215 ff.

**) An alle dem Gesetz unterworfenen Personen kann dagegen gerichtet sein die Erlaubniss zur Vornahme einer Rechtsgüterverletzung unter gewissen Voraussetzungen, man denke an das Recht der vorläufigen Festnahme, das Recht der Nothwehr u. s. w.

***) Vgl. Binding, Handbuch des Strafrechts. Bd. I (1885) S. 804. »Der Befehl kann eine durchaus rechtmässige Handlung zum Inhalt haben: demjenigen, dem er gilt, wird ihre Vornahme aber erst durch den Befehl erlaubt und Rechtspflicht.

Eine weitere Frage ist nun aber: Genügt allein der Befehl durch die zuständige Gewalt oder muss sich dieser Befehl, um den Gehorchenden vor Strafe zu schützen, auf einen Gesetzesbefehl stützen?

Wenn man den Text des Artikel 327 des französischen und den des Artikel 49 des italienischen Strafgesetzbuches näher betrachtet, so entdeckt man in der Verschiedenheit zweier Wörter einen principiellen Unterschied der beiden Bestimmungen: Artikel 327 sagt: »Il n'ya ni crime .... lorsque l'homicide .... étaient ordonnés par la loi et commandés par l'autorité légitime.« Artikel 49 dagegen lautet: »Non è punibile colui che ha commesso il fatto: per disposizione della legge o per ordine che era obbligato ad esequire dell' Autorità competente.«

Wie Garraud*) berichtet, beantragte die Commission des Corps législatif zum Entwurf des Strafgesetzbuchs von 1810 die Ersetzung des Wortes »et« zwischen »ordonnés par la loi« und »commandés par l'autorité« durch »ou«; der Conseil d'État behielt jedoch die Redaction des Gesetzes von 1791 bei in der Absicht auf dem alten Grundsatz zu beharren.

Welch' grosse Verschiedenheit in der rechtlichen Bedeutung durch die Verschiedenheit der beiden Wörter »ou« und »et« erzeugt wird, liegt auf der Hand:

In Gemässheit des Artikel 327 tritt Straflosigkeit einer Rechtsgüterverletzung dann und nur dann ein, wenn diese Verletzung sowohl vom Gesetz angeordnet, als auch von der zuständigen Behörde befohlen war. Der Thäter bleibt also straflos nur dann, wenn diese beiden Voraussetzungen gleichzeitig gegeben sind.

Anders nach Artikel 49 des italienischen Gesetzbuches: Hier bewirkt bereits das Vorliegen einer dieser Voraussetzungen Straflosigkeit, d. h. der Thäter bleibt straflos, wenn die Handlung entweder vom Gesetz angeordnet, oder von der zuständigen Behörde befohlen war.

Allein das italienische Recht sagt nicht wie das französische lediglich »wenn die Handlung von der Behörde befohlen war«, es sagt »wenn die Handlung in Gemässheit eines Befehls der zuständigen Behörde vorgenommen wurde, den der Thäter auszuführen verpflichtet war.

Die Straflosigkeit einer vom Gesetz nicht angeordneten Rechtsgüterverletzung wird also nicht schon durch den Umstand bewirkt,

---

*) Garraud, Précis a. a. O. S. 190.

dass die zuständige Behörde dem Thäter den Befehl gegeben hat, die Handlung zu begehen, sondern es muss hinzukommen, dass der Thäter verpflichtet war, dem Befehl Folge zu leisten.

Ist das in Artikel 49 des italienischen Strafgesetzbuches ausgesprochene Princip richtig? Gibt es somit Fälle, in denen eine Person verpflichtet ist, einem Befehle Folge zu leisten, der auf eine gesetzwidrige Handlung gerichtet ist? gibt es Fälle, in denen Jemand, der eine strafbare Handlung begangen hat, um deswillen straflos bleiben kann, weil er diese Handlung in Gemässheit eines ihm ertheilten Befehles ausführte?

Die Beantwortung dieser Fragen hat uns im Folgenden zu beschäftigen.

---

## Capitel 2.

# Wesen des Befehls.

Befehl ist die Willensäusserung einer Person gegenüber einer anderen ihr zum Gehorsam allgemein verpflichteten, dass diese irgend etwas thun oder unterlassen solle*).

Befehle geben kann nur der, der Gehorsam zu verlangen berechtigt ist und dieser nur dem, der ihm Gehorsam zu leisten verpflichtet ist.

Die Form der Willensäusserung — ob mündlich, schriftlich, durch Zeichen u. s. w. ist im Allgemeinen gleichgiltig.

Durch den Befehl wird aus dem zwischen dem Befehlsgeber und Befehlsempfänger bestehenden Gehorsamsverhältniss die Ausführung der befohlenen Handlung oder Unterlassung gefordert. Dem Befehle, bezw. dem Gehorsamsverhältniss ist wesentlich, dass der (Gehorsam zu verlangen) Berechtigte rechtlich in der Lage ist, den (zum Gehorsam) Verpflichteten für den Fall des Ungehorsams Nachtheile irgend welcher Art zuzufügen. Somit liegt in jedem Befehl die Androhung eines Uebels für den Fall des Ungehorsams. Hieraus ergibt sich der Einfluss, den der Befehl auf den zum Gehorsam Verpflichteten äussert: in dem Verpflichteten entsteht die Furcht

---

*) Püttmann, »An et quatenus iussio eum, qui paret, a poena excuset eamque minuat.« (Dissertation des C. H. v. Römer, Leipzig 1785) S. 9.

Hommel, »De poena ejus, qui ex mandato ant jussa delinquit.« (Dissertation von Brotze, Wittenberg 1786) S. 8.

Berner, Die Lehre von der Theilnahme am Verbrechen (1847) S. 280 ff.

vor dem Eintritt irgend eines Uebels für den Fall des Nichtgehorchens; diese Furcht wirkt als Motiv bei der Entschlussfassung. Die Wirksamkeit dieses Motivs ist abhängig von der Grösse der Furcht. Diese wird um so intensiver sein, je grösser das drohende Uebel und je grösser die Wahrscheinlichkeit seines Eintritts (je mehr der Befehlsgeber in der Lage ist, das angedrohte Uebel zu verhängen).

Den Vorgang der Entschlussfassung bei dem zum Gehorsam Verpflichteten denken wir uns ungefähr in der Weise, wie dies Kohler, in den »Studien aus dem Strafrecht« I. S. 107 darstellt*): »... Der menschliche Wille ist der Aussenwelt nicht verschlossen, er ist nicht unbeeinflussbar, er steht der Aussenwelt mit tausend Pforten offen, er ist erregbar, er ist bestimmbar durch die Reizungen, sofern der Seele gewisse Zustände als begehrenswerth erscheinen, und die Begierde, diese Zustände zu verwircklichen, den Willen dazu reizen, solche Realisationshandlungen zu vollbringen. Sofern Begierden erweckt werden, werden Strömungen in der Willenssphäre erzeugt, welche nach bestimmter Seite drängen. Aber die Schuld besteht nicht darin, dass der Wille solche Strömungen die Uebermacht erlangen lässt, sondern darin, dass er nicht aus den Fonds seiner Kraft dieselben niederkämpft.«

Der Befehl wirkt nun bei dem Vorgang der Entschlussfassung als ein dem zum Gehorsam Verpflichteten von Aussen gesetztes Motiv, das zu der dem Befehl entsprechenden Handlung drängt. Gegen dieses Motiv tauchen Gegenmotive auf, die von der Handlung zurückhalten — z. B. die Abneigung gegen die mit der Ausführung verbundene Mühe, oder der Wunsch, den dem Befehl entsprechenden Zustand nicht verwirklicht zu sehen. Diese Gegenmotive können weniger gewichtig sein, als das im Befehl liegende Motiv, sie können mächtiger sein — durch das Gewichtsverhältniss zwischen Motiven und Gegenmotiven wird die Richtung der Entschlussfassung nicht nothwendig bedingt. Der Mensch besitzt die Möglichkeit, sich — unabhängig von den äusseren Verhältnissen — aus seinem Innern selbst Motive zu setzen, die bei der Abwägung der jetzt vorhandenen Motive den Ausschlag geben. Er hat die Möglichkeit, von der ihm innewohnenden Kraft im Einzelfall Gebrauch zu machen oder

*) Wir wollen damit zu der Streitfrage über die »Willensfreiheit« nicht weiter Stellung nehmen; es kann dies bei der vorliegenden Frage nicht unsere Aufgabe sein.

nicht, wie er »will«. Dasjenige Motiv, welches endlich die Richtung der Entschlussfassung bewirkt, also das wirksamste ist, bildet den Entschlussgrund.

Wenn nun der Mensch dem ihm von Aussen gesetzten Motiv mit den dasselbe begleitenden Vorstellungen nicht Widerstand leistet, sondern die von diesem gewiesene Richtung bei der Entschlussfassung befolgt, dann hat er das Motiv zum Entschlussgrund werden lassen*).

Auf den Befehl angewandt: Der Befehl wirkt als Motiv bei der Entschlussfassung; er kann Entschlussgrund werden.

Die Möglichkeit anders zu wollen, bleibt dem Befehl gegenüber stets erhalten — ob der Befehl auf eine rechtmässige oder ob er auf eine rechtswidrige Handlung gerichtet ist, ob er rechtsverbindlich ist oder nicht, die Möglichkeit wird an sich nicht beeinflusst. Von Bedeutung ist dieser Umstand jedoch für das Gewichtsverhältniss der bei der Entschlussfassung wirksamen Motive. Geht der Befehl nämlich auf eine rechtmässige Handlung, so wird ihm bei der Entschlussfassung in der Regel — vom Fall des Irrthums abgesehen — nicht als Gegenmotiv das Bewusstsein der Gesetzwidrigkeit und die durch dies Bewusstsein begründete Furcht vor einem drohenden Uebel für den Fall des Gehorsams entgegentreten, wie dies bei dem auf eine strafbare Handlung gerichteten Befehl möglich ist.

Dasselbe gilt für den sogenannten rechtsverbindlichen Befehl. »Rechtsverbindlich« ist ein Befehl dann, wenn der Befehlsempfänger verpflichtet ist, dem Befehl ohne Weigerung Folge zu leisten. Jedem Befehl gegenüber ist aber der Empfänger desselben zu einer gewissen Prüfung berechtigt — mag dieselbe auch nur auf die Formalien gehen und es gibt kein Unterwürfigkeitsverhältniss, in welchem der zum Gehorsam Verpflichtete jeden ihm ertheilten Befehl zu befolgen hätte. So ist der Befehl »rechtsverbindlich« nur dann und erst dann, wenn die Voraussetzungen, deren Vorliegen

*) Kohler sagt a. a. O. S. 110: ». . . . Nun ist es wahr, dass der Wille diesem Anstosse nicht zu folgen braucht und vermöge der der Seele innewohnenden Reactionskräfte den Anstoss von sich ablehnen kann; thut aber die Seele dieses nicht, so folgt sie dem Anstosse, sie folgt der Erregung: sie unterlässt es, die Kausalkette zu unterbrechen, und die Verbindung zwischen der erregenden Thätigkeit des Anstifters und der durch die Erregung bewirkten Willensaction des Thäters ist damit vollzogen«.

der Befehlsempfänger zu prüfen berechtigt und verpflichtet ist, gegeben sind, wenn also eine weitere Prüfung von seiner Seite nicht mehr stattzufinden hat.

Der Rechtsverbindlichkeit des Befehls entspricht als nothwendiges Correlat die Unverantwortlichkeit des Gehorchenden für die auf den Befehl begangene Handlung. Damit wirkt ein rechtsverbindlicher Befehl bei der Entschlussfassung am intensivsten um deswillen, weil für den zum Gehorsam Verpflichteten die Furcht vor der Strafe für den Fall der Nichtbefolgung in die Wagschaale fällt, während die Furcht vor der Strafe für den Fall der Befolgung als Gegenmotiv nicht auftritt.

Allein auch der rechtsverbindliche Befehl beeinflusst zwar die Entschlussfassung, er schliesst jedoch die Möglichkeit einer Entschlussfassung in einem dem Befehlsinhalt entgegengesetzten Sinne keineswegs aus. So lange aber die Möglichkeit einer Entschlussfassung überhaupt besteht, besteht grundsätzlich auch strafrechtliche Verantwortlichkeit für die dem Entschluss entsprechenden Handlungen. Willensbeschränkung kann desshalb nicht als Schuldausschliessungsgrund wirken.

Es kann nun die Frage aufgeworfen werden, ob es nicht im Wesen des Befehls, insbesondere des rechtsverbindlichen Befehls liege, dass durch ihn die Rechtswidrigkeit der Rechtsverletzung allgemein aufgehoben werde, und dass deshalb von diesem Gesichtspunkte aus der Befehl als Schuldausschliessungsgrund wirken müsse. Die Frage muss verneint werden. Eine Rechtsgüterverletzung ist nur dann allgemein nicht rechtswidrig, wenn der in concreto vorliegende Schuldausschliessungsgrund auf Jus commune beruht. Beruht der Schuldausschliessungsgrund, wie dies bei der Amtspflicht und beim Berufsrecht überhaupt der Fall ist, auf Jus singulare, so wird die Rechtswidrigkeit der Verletzung allgemein nicht aufgehoben*).

Wenn z. B. das niederländische Strafgesetzbuch vom 3. März 1881 Artikel 42 sagt**): »Nicht strafbar ist, wer eine Handlung zur Ausführung einer gesetzlichen Anordnung begeht«, so wird hier ein allgemeiner Schuldausschliessungsgrund begründet. Ein allgemeiner Schuldausschliessungsgrund wäre dagegen nicht gegeben,

*) Vgl. Birkmeyer, Die Lehre von der Theilnahme und die Rechtsprechung des Deutschen Reichsgerichts. Kritische Studien. Berlin 1890. S. 156.

**) Deutsche Uebersetzung in der Zeitschrift für die gesammte Strafrechtswissenschaft. Beilage zu Bd. I. 1881.

wenn es heissen würde: »Nicht strafbar ist der Beamte, der eine Handlung zur Ausführung einer gesetzlichen Anordnung begeht. Die Rechtswidrigkeit der Handlung wäre hier desshalb auch allgemein nicht aufgehoben. Hier hat der Beamte ein Recht zu der Handlung, aber die Thatsache, dass der Verletzer ein Recht zu der Verletzung hat, schliesst die Rechtswidrigkeit der Handlung allgemein keineswegs aus, sie schliesst die Rechtswidrigkeit nur für denjenigen aus, dem eben das Recht zusteht und auch für ihn nur unter den Bedingungen, die die Vorraussetzungen des Rechtes bilden.

Der Arzt z. B. ist berechtigt, dem Kranken ein Bein, oder einen Arm zu amputiren; Voraussetzung dieser Berechtigung ist, dass er die Verletzung zum Zweck der Erfüllung seines ärztlichen Berufes vornimmt. Der erlaubte Zweck gibt ihm da ein Recht zu der Handlung, die, wenn sie um eines nicht erlaubten Zweckes willen erfolgt, stets rechtswidrig bleibt*). Darum schliesst das Berufsrecht die Rechtswidrigkeit einer Handlung allgemein nicht aus, es hebt sie nur für den Berechtigten unter gewissen Verhältnissen auf und wirkt so als persönlicher Schuldausschliessungsgrund**).

Die Rechtswidrigkeit der Handlung bleibt allgemein bestehen und sie wird für die Theilnehmer an der betr. Verletzung nur insoweit ausgeschlossen, als dieselben ebenfalls durch den Zweck der Ausübung des Berufsrechtes zu ihrer Thätigkeit bestimmt werden; das Strafrecht muss innerhalb des Berufsrechtes unbedingt den Zweck der Rechtsgüterverletzung berücksichtigen.

Auf den Befehl angewendet bedeutet das Gesagte: Der einem rechtsverbindlichen Befehl Gehorchende hat ein Recht zu der Rechtsgüterverletzung — dadurch wird aber allgemein die Rechtswidrigkeit dieser Verletzung nicht aufgehoben. Darum bildet der auf eine gesetzwidrige Handlung gerichtete rechtsverbindliche Befehl zwar wohl einen persönlichen Schuldausschliessungsgrund für den Gehorchenden, er bildet jedoch nie einen allgemeinen Schuld-

*) Treffend der Satz Bindings im Handbuch, S. 792: »Die nothwendigen Mittel zu rechtlich erlaubten Zwecken sind rechtlich erlaubte Mittel«.

**) Der Ausdruck »persönlicher Schuldausschliessungsgrund« ist dem Ausdruck v. Liszt's »persönlicher Strafausschliessungsgrund« (4. Aufl. des Lehrbuchs, S. 297) nachgebildet; es dürfte durch denselben der Grund der Straflosigkeit in den Fällen des Berufsrechts, wozu auch die Amtspflicht zu rechnen, entsprechend bezeichnet sein.

ausschliessungsgrund — eine »strafbare Handlung« im Sinne des § 48 des Strafgesetzbuchs ist deshalb stets »vorhanden«.

v. Liszt sagt in der dritten Auflage seines Lehrbuchs S. 145: »Der Befehl des Vorgesetzten an den Untergebenen schliesst die Rechtswidrigkeit der auf Grund des Befehles vorgenommenen Handlung für den Gehorchenden nur soweit aus, als die Rechtsordnung die unbedingt verbindliche Kraft des Befehles anerkennt« *).

Damit will v. Liszt wohl den rechtsverbindlichen Befehl als persönlichen Schuldausschliessungsgrund anerkennen.

In der vierten Auflage lautet die Bemerkung über den Befehl nun folgendermassen: »Der Befehl des Vorgesetzten schliesst die Rechtswidrigkeit der auf Grund des Befehls vorgenommenen Handlung auch dann nicht aus, wenn die Rechtsordnung die unbedingt verbindende Kraft des Befehles anerkennt. Vielmehr ist hier nur ein persönlicher Strafausschliessungsgrund für den Gehorchenden gegeben und der Befehlende kann als mittelbarer Thäter strafbar sein.«

v. Liszt scheint somit in der neuen Auflage seine Auffassung über die Bedeutung des Befehles gegenüber der dritten Auflage geändert zu haben.

In der vierten Auflage (S. 297) nimmt v. Liszt einen »persönlichen Strafausschliessungsgrund« dann an, wenn »der Gesetzgeber wegen der Persönlichkeit des Thäters diesem gegenüber, aber auch nur ihm gegenüber, von der Bestrafung absieht, während er die That im Uebrigen als strafbar betrachtet.« Noch deutlicher scheint uns die Ausdrucksweise in der dritten Auflage (S. 183): »Ein subjectiver oder individueller Strafausschliessungsgrund liegt in jenen Fällen vor, in welchen der Gesetzgeber nicht die Strafbarkeit der That, wohl aber die des Schuldigen abhängig macht von dem Nichtvorliegen gewisser Umstände.« Solche Fälle sind gegeben, wenn Verwandte und Verschwägerte absteigender Linie bei dem Delict des § 173 (Blutschande) straflos bleiben, weil sie das 18. Jahr noch nicht erreicht haben, wenn persönliche Begünstigung nach § 257 straflos bleibt, weil sie dem Thäter oder Theilnehmer von einem Angehöhrigen gewährt worden ist.

Auch wir möchten in diesen Fällen das Vorliegen eines »persönlichen Strafausschliessungsgrundes« annehmen; es

---

*) Die gesperrt gedruckten Wörter sind im Text nicht hervorgehoben.

sind dies Fälle, wo der Thäter zwar »schuldig« ist, wo er aber aus Billigkeitsgründen straflos bleibt.

Von diesen persönlichen Strafausschliessungsgründen müssen wir unterscheiden die persönlichen Schuldausschliessungsgründe. Ein persönlicher Schuldausschliessungsgrund liegt aber, wie erwähnt, unseres Erachtens dann vor, wenn eine Rechtsgüterverletzung zwar allgemein vorhanden ist, der Thäter jedoch ein Recht hatte, diese Verletzung vorzunehmen. Hier ist der Thäter überhaupt nicht »schuldig«; hier hat er nicht nur aus »Billigkeitsrücksichten« straflos zu bleiben, sondern er hat ein Recht auf Straflosigkeit, weil er ein Recht zur Vornahme der Rechtsgüterverletzung hatte.

Ein persönliches Recht zu Rechtsgüterverletzungen gewährt die Amtspflicht, gewährt das Berufsrecht und gewährt auch der rechtsverbindliche Befehl; in allen diesen Fällen besteht ein Recht zur Vornahme der Verletzung und in allen diesen Fällen wirkt deshalb die subjective Berechtigung nicht nur als persönlicher Strafausschliessungsgrund sondern als persönlicher Schuldausschliessungsgrund.

Von Manchen wird die Straflosigkeit der in Gemässheit eines rechtsverbindlichen Befehls begangenen Rechtsgüterverletzung aus einem andern Gesichtspunkte abgeleitet — aus dem Gesichtspunkt des Nothstandes; so sagt z. B. G. Carmignani; Teoria delle leggi della sicurezza sociale (Pisa 1831) Bd. II. Seite 246: »In un delitto communque grave, ma commesso dal soldato per ordine del suo superior militare, quando apparisca non aver egli avuto alcun personale interesse a commeterlo, e la passata sua vita non fornisca indizio d'un animo a prave cose inclinato, è difficile non ravissare l'effetto d'una coazíone prodotta dalle abitudini della militar disciplina e dal timore d'un male grave che il superiore ha trovato l'arte d'infonder nell' animo dell suo sottoposto. In questo caso la opinione, che la forza morale necessario al delitto fa nascere, non può non radicarsi tutta sulla testa di chi lo commandò commisserando l'uomo divenuto istrumento che lo commesse. Così per la varia influenza delle circonstanze dell'azione dellittuosa la coazione impropria può talvolta produre i medesimi effetti giuridici, che la propria e vera coazione.«

Auf demselben Standpunkt steht Kleinschrod, Peinliches Recht (1794) S. 231: Der Befehl hebt die Zurechnung nur dann auf, »wenn damit unwiderstehliche Gewalt oder eine solche Drohung verbunden ist, die auf der einen Seite leicht auszuführen, von der andern äufserst schwer abzuwenden ist.« Ebenso:

Tittmann, Handbuch der Strafrechtswissenschaft (2. Aufl. Halle 1822) Bd. I. S. 215 f.,

Hye, Ritter von Gluneck, Das Oesterreichische Strafgesetz (1855) Bd. I. S. 197,

Geib, Lehrbuch des deutschen Strafrechts (1862) Bd. II. S. 346.

Geyer, in Holtzendorff's Handbuch des deutschen Strafrechts (1871) Bd. II. S. 352: »Die Handlung des dem Befehl Gehorchenden kann nun aber straflos sein, .... weil der Befehlende, von seinem Ansehen Missbrauch machend, eine unwiderstehliche vis compulsiva ausübte, (Anm. 3) die oft, was wohl zu beachten, ohne Aufwand vieler äufserlicher Mittel gegenüber unbedingt und blindlings ergebenen oder knechtischen, feigen Gemüthern möglich ist. Man denke aber auch an die wunderbare dämonische Gewalt grosser Männer über die Geister.« Ferner

Impallomeni, Del concorso di più persone in un reato. in der Rivista Penale vol. XXVI. (1887) S. 113.

Chauveau, Adolphe et M. Faustin Hélie, Theorie du Code Pénal (6. Aufl. Paris 1887) Bd. IV. S. 601.

Garraud, Précis de Droit criminel 3. Aufl. Paris 1888 S. 191.

Uns scheint dieser Standpunkt aus folgenden Gründen nicht richtig zu sein:

Der Befehl wirkt, wie oben erörtert, als Motiv bei der Entschlussfassung durch die in ihm liegende Drohung eines Uebels für den Fall der Nichtbefolgung. Welches Uebel kann nun im Befehl als solchem für den Fall des Ungehorsams angedroht sein? Im Strafgesetz finden wir — abgesehen von § 353a und den Sonderbestimmungen des Militärstrafgesetzbuches — eine Strafe für Ungehorsam gegenüber rechtsverbindlichen Befehlen nicht vorgesehen. Rechtlich kann also im Befehl nur die Drohung mit einem Uebel enthalten sein, das eben die betreffenden Personen die den Gehorsam beanspruchen, zu verhängen berechtigt sind — das ist stets lediglich Disciplinarstrafe (im weitesten Sinn); dass aber die Bedrohung mit einer Disciplinarstrafe nicht »Nothstand« im Sinne des § 52 unseres Strafgesetzbuches bewirkt, scheint nicht zweifelhaft. Thatsächlich kann ja allerdings ein grösseres Uebel angedroht werden, aber dies angedrohte Uebel liegt dann eben nicht in dem Wesen des Befehls und muss desshalb stets als eine vom Wesen des rechtsverbindlichen Befehls rechtlich unabhängige, mit dem Befehl nur thatsächlich verbundene Drohung aufgefasst und beurtheilt werden*). Eine Drohung, welche mit einer gegenwärtigen, auf andere Weise nicht abwendbaren Gefahr für Leib und Leben verbunden ist, erzeugt der Befehl als solcher nicht.

Wir können die Wirkung des Befehls aber auch nicht unter dem Gesichtspunkt der unwiderstehlichen Gewalt des § 52 fassen, wie dies v. Kraewel, in v. Holtzendorff's Rechtslexikon (3. Aufl. 1880) Bd. I. S. 252 und Oppenhof, Commentar zum Strafgesetzbuch, Note 5 zu § 52 thut. Wer »Willensfreiheit« annimmt, kann unseres Erachtens niemals zugeben, dass durch rein psychische Einwirkung eine »unwiderstehliche Gewalt« ausgeübt werden könne, denn trotz allen Zwanges bleibt die Möglichkeit, einen der Einwirkung entgegengesetzten Entschluss zu fassen, stets vorhanden.

---

## Capitel 3.

## Ist der Befehlsgeber „mittelbarer Thäter" oder „Anstifter"?

In den Bestimmungen unseres Strafgesetzbuchs ist eine Definition des Begriffs »Thäter« nicht enthalten, wir müssen diesen Begriff auf dem Wege der Untersuchung anderer gegebener Definitionen, sowie aus dem Sinn des Gesetzes ableiten. Nach den allgemeinen Grundsätzen des Strafgesetzbuches ist »Thäter« diejenige Person, die durch ihre Thätigkeit die Merkmale des gesetzlichen Verbrechensthatbestandes herbeiführt**).

Dies kann dadurch geschehen, dass die Person durch eigene Körperbewegungen die zum Thatbestand nothwendige Veränderung in der Aussenwelt hervorruft, oder dadurch, dass sie diese Veränderung unter Benutzung eines Werkzeugs bewirkt. Unter »Werkzeug« ist dabei an sich jeder Gegenstand und jedes lebende Wesen zu verstehen, dessen Wirksamwerden vollkommen dem Willen und der Einwirkung des Gebrauchenden entspricht. So kann auch der Mensch als »Werkzeug« von einem Anderen benutzt werden und jeder Mensch, der in irgend einer Weise den ihm durch die Ein-

---

*) Vgl. Puchelt, Strafgesetzbuch für das Deutsche Reich (1871) S. 103. H. Meyer, Lehrbuch des Deutschen Strafrechts (4. Aufl. 1888) S. 325 f. Olshausen, Commentar zum Strafgesetzbuch (3. Aufl. 1890) Bd. I. S. 225, Note 12b.

**) v. Liszt, Lehrbuch, S. 222.

wirkung von Seite eines Anderen gegebenen Motiven gehorchend thätig wird, wird dies gleichsam als »Werkzeug« des auf ihn Einwirkenden. Damit ist ausgesprochen, dass der Mensch nicht allein durch physische Thätigkeit, sei es unter Benutzung einer Naturkraft, oder eines Thieres, oder eines leblosen Gegenstandes, sondern auch durch rein psychische Thätigkeit, mittelst Einwirkung auf die Entschlussfassung eines Menschen, Veränderungen in der Aussenwelt — die Thatbestandsmerkmale eines Verbrechens — herbeiführen kann. Der Thäter kann also ein physischer oder psychischer (intellectueller) Urheber sein.

Unser Strafgesetzbuch kennt nun neben dem »Thäter« — dessen Wesen es nicht definirt — den »Anstifter« und versteht darunter denjenigen, der einen Anderen zu »der von demselben begangenen strafbaren Handlung vorsätzlich bestimmt hat,« d. h. der in dem Anderen — vorsätzlich — den Entschluss hervorgerufen hat, die Thatbestandsmerkmale durch seine Thätigkeit herbeizuführen. Durch diese Aufstellung des Begriffes »Anstifter« erleidet der Begriff »Thäter« wie wir ihn oben wiedergegeben haben, eine Einschränkung: Wer durch psychische Einwirkung auf einen Menschen, der einen Entschluss zu fassen in der Lage ist, bezw. durch dessen dem betr. auf das Verbrechen gerichteten Entschluss entsprechende Thätigkeit die Thatbestandsmerkmale herbeiführt, ist nicht Thäter, sondern Anstifter.

Es gibt nun aber Fälle, wo man denjenigen, der einen Verbrechensthatbestand herbeigeführt hat, nicht physischen Urheber — Thäter — nennen kann, weil er selber körperlich gar nicht thätig geworden ist und ihn Anstifter nicht nennen kann, weil der Mensch der seiner psychischen Einwirkung entsprechend körperlich thätig geworden ist, eine »strafbare Handlung« im Sinn des § 48 durch seine Thätigkeit gar nicht begangen hat.

Eine strafbare Handlung ist dann nicht begangen, wenn der Staat wegen Vorliegens eines allgemeinen Schuldausschliessungsgrundes oder wegen Mangels einer Bedingung der Strafbarkeit einen Strafanspruch gegen den — scheinbaren — Thäter nicht hat*).

In diesen Fällen nennt man den intellectuellen Urheber, der weder physischer Urheber noch Anstifter ist, »mittelbaren Thäter«.

*) vgl. Birkmeyer, Theilnahme, S. 155 f.

Mittelbare Thäterschaft liegt damit insbesondere vor: wenn der scheinbare Thäter zurechnungsunfähig war, oder wenn er wegen Vorliegens eines Umstandes, der die Rechtswidrigkeit allgemein ausschliesst, oder wegen Mangels einer Bedingung der Strafbarkeit eine »strafbare Handlung« gar nicht begangen hat.

Ein allgemeiner Schuldausschliessungsgrund ist auch dann gegeben, wenn der scheinbare Thäter überhaupt nicht vorausgesehen hat, dass er durch seine Thätigkeit den Verbrechensthatbestand erfüllen werde — auch hier ist also der intellectuelle Urheber »mittelbarer Thäter«.

Fraglich kann es erscheinen, ob man Anstiftung oder mittelbare Thäterschaft anzunehmen hat, wenn der Thäter den verbrecherischen Erfolg hätte voraussehen sollen und können, ihn aber nicht vorausgesehen hat — also, wenn sich der Thäter eines Fahrlässigkeitsdeliktes schuldig gemacht hat. Hier hat der Thäter eine strafbare Handlung im Sinne des § 48 begangen, und der intellectuell auf ihn Einwirkende hat ihn zur Begehung der strafbaren Handlung bestimmt. Die Erfordernisse des § 48 sind damit gegeben. Wir nehmen desshalb hier Anstiftung und nicht mittelbare Thäterschaft an*).

v. Liszt (Lehrbuch S. 223) nimmt weiterhin dann mittelbare Thäterschaft an, wenn der »Bestimmte unfrei, d. h. genöthigt gehandelt hat; genauer: wenn die Voraussetzungen des § 52 gegeben waren«.

Unseres Erachtens muss bei den Fällen des § 52 unterschieden werden: ob physischer oder ob psychischer Zwang vorgelegen hat. Ist der Thäter durch Anwendung physischen Zwanges zur Begehung der Rechtsverletzung genöthigt worden, so liegt eine »Handlung« im Rechtssinne, d. h. eine auf den Willen zurückführbare Thätigkeit nicht vor, der Thäter war nicht in der Lage, einen Entschluss zu fassen und dementsprechend thätig zu werden. Der Thäter ist also weder zu der von ihm begangenen Handlung »bestimmt« worden, noch hat er eine »strafbare Handlung« überhaupt begangen. Derjenige, der den physischen Zwang ausgeübt hat, ist nun aber unseres Erachtens nicht etwa »mittelbarer« Thäter, sondern er ist »unmittelbarer Thäter«. Denn gehorcht ein Mensch einem physischen

*) Vgl. Olshausen, Commentar Bd. I. Note 18 zu § 48 S. 212.
Birkmeyer, Theilnahme, S. 141.
Anderer Ansicht: H. Meyer, Lehrbuch, S. 276.
v. Liszt, Lehrbuch, S 230.

Zwange, so ist er ebenso Werkzeug, wie ein lebloser Gegenstand*). Es ist ganz gleichgiltig, ob ich einen Stein in ein Schaufenster hineinwerfe oder einen Menschen, ob ich mittels einer Schreibmaschine schreibe, oder indem ich einem Menschen in der Weise die Hand führe, dass er keine anderen Buchstaben schreiben kann, als ich will.

Ganz anders liegen die Verhältnisse bei Anwendung eines psychischen Zwanges im Sinne des § 52 — bei Vorliegen einer »Drohung, welche mit einer auf andere Weise nicht abwendbaren Gefahr für Leib oder Leben des Thäters oder eines Angehörigen verbunden ist«**). Wir nehmen aber auch hier nicht »mittelbare Thäterschaft« an, sondern halten dafür, dass im Fall einer Drohung in dem Sinn des § 52 nach den Grundsätzen unseres Strafgesetzbuches »Anstiftung« angenommen werden muss. Aus folgenden Gründen:

Der Begriff der »Anstiftung« setzt voraus, dass der Angestiftete eine Rechtsgüterverletzung begangen hat, die sich allgemein als »strafbare Handlung« charakterisirt. Liegt nun bei der in Nothstand vorgenommenen Verletzung allgemein eine »strafbare Handlung« vor? Unseres Erachtens: Ja***).

---

*) Borchert, Die strafrechtliche Verantwortlichkeit für Handlungen Dritter (1888) S. 104.

v. Tuhr, Der Nothstand im Civilrecht (1888) S. 42: »Wer vis absoluta anwendet, handelt selbst, indem er den Körper eines andern Menschen, nicht dessen Willen als Werkzeug benutzt«.

**) Ueber den Ausdruck: »Eine strafbare Handlung ist nicht vorhanden« vgl. insbesondere Schütze, Studien zum deutschen Strafgesetzbuch in Goltdammer's Archiv für Strafrecht. Bd. 21. (1873) S. 161 ff.

Olshausen, Commentar, Bd. I. Th. I. Abschn. 4. Note 3 ff. S. 240 ff.

***) Vgl. über diese Frage insbesondere:

Schütze, Die nothwendige Theilnahme am Verbrechen (1869) S. 294 ff.,
Binding, Handbuch, S. 786,
H. Meyer, Lehrbuch, S. 345 f.,
Borchert, Die strafrechtliche Verantwortlichkeit für Handlungen Dritter; S. 27,
v. Tuhr, Der Nothstand im Civilrecht, S. 41 ff. u. 133 ff.,
v. Liszt, Lehrbuch, S. 152,
Birkmeyer, Theilnahme, S. 157,
Olshausen, Commentar, Note 14 zu § 52.

Der im Text vertretene Standpunkt wird auch von dem Entwurf eines bürgerlichen Gesetzbuches eingenommen; vgl. Motive, Bd. II. S. 729, darüber

v. Liszt, Die Grenzgebiete zwischen Privatrecht und Strafrecht. Criminalistische Bedenken gegen den Entwurf in »Beiträge zur Erläuterung und

Die auf eine Drohung mit Gefahr für Leib und Leben begangene Rechtsgüterverletzung ist in ihrer rechtlichen Bedeutung wesentlich verschieden von der im Zustand der Zurechnungsunfähigkeit, unter der Einwirkung unwiderstehlicher physischer Gewalt oder in Nothwehr vorgenommenen Thätigkeit; in den ersteren beiden Fällen mangelt es an einer »Handlung« im Rechtssinne überhaupt, bei der Handlung in Nothwehr wird ein durch das Recht geschütztes Gut gar nicht verletzt, weil das Recht dem Angreifer den Schutz seiner Rechtsgüter gegenüber dem in Nothwehr Befindlichen und innerhalb der Grenzen der Nothwehr entzieht; in diesen drei Fällen liegt also allgemein eine »strafbare Handlung« nicht vor — sie bilden desshalb allgemeine Schuldausschliessungsgründe. Anders beim Nothstand.

Durch die Drohung mit Gefahr für Leib und Leben werden für den Bedrohten zweifelsohne sehr mächtige Motive zu Gunsten der That geschaffen; allein gegen diese Motive, die zur That drängen, können sich andere Motive geltend machen, die noch mächtiger sind als die ersteren. Der Bedrohte muss den zur That drängenden Motiven nicht unbedingt gehorchen, er kann ihnen Widerstand leisten, sei es, dass ausser ihm liegende Motive, die von der That abdrängen, noch wirksamer sind, sei es, dass er sich in seinem Innern selber ein mächtigeres Motiv setzt, das dann als das wirksamste der vorhandenen Motive zum Entschlussgrund wird. Aus diesem Grunde ist auch der Bedrohte in der Lage, den Entschluss zu fassen, entweder das gedrohte Uebel über sich ergehen zu lassen und nicht zu handeln oder aber in Gemässheit der Drohung thätig zu werden*). Seine »freie Willenbestimmung« ist zwar beschränkt, wie jeder Wille durch äussere Verhältnisse Motive empfängt und dadurch in seiner Freiheit beeinträchtigt wird**), aber sie ist nicht ausgeschlossen.

Der Grund, dass unter Umständen ein grosser, vom Menschen allgemein nicht zu verlangender Heroismus dazu gehöre, der Drohung nicht nachzugeben, kann für das Princip nicht ausschlaggebend sein — der Fall der Drohung mit einer directen Gefahr für das Leben bildet ein Extrem — ihm lässt sich als entgegengesetztes

---

Beurtheilung des Entwurfs« herausgegeben von C. J. Bekker und O. Fischer (1889) 5. Heft. S. 9

*) Stammler, Darstellung der strafrechtlichen Bedeutung des Nothstandes. S. 6.

**) Vgl. v. Tuhr, Nothstand, S. 42.

Extrem der Fall der Drohung, welche mit einer gegenwärtigen, auf andere Weise nicht abwendbaren Gefahr, zwangsweise die Nägel geschnitten zu bekommen, verbunden ist, gegenüberstellen.

Die freie Willensbestimmung des Bedrohten ist jedenfalls nicht in der Weise beschränkt, dass nach den Grundsätzen des § 51 unseres Strafgesetzbuchs eine »Handlung« des Genöthigten um deswillen nicht als vorliegend erachtet werden könnte, weil sich derselbe zur Zeit der Begehung der Handlung »in einem Zustande der Bewusstlosigkeit oder krankhafter Störung der Geistesthätigkeit befand, durch welche seine freie Willensbestimmung ausgeschlossen war«. Hier ist die Verantwortlichkeit aus dem Grunde aufgehoben, weil bei der betreffenden Person eine normale Abwägung vorhandener Motive nicht mehr stattfindet, die normale Fähigkeit, sich selbst Motive zu setzen, nicht vorhanden ist und desshalb der Act der Entschlussfassung überhaupt nicht in normaler Weise erfolgt. Bei diesem Menschen ist die körperliche Thätigkeit nicht auf den »freien Willen« zurückzuführen.

Die Straflosigkeit der in Nothstand vorgenommenen Rechtsgüterverletzung lässt sich also nicht aus dem Gesichtspunkte des § 51 rechtfertigen, sie lässt sich auch nicht dadurch rechtfertigen, dass man sagt, wenn ein Rechtsgut von einem in Nothstand Befindlichen angegriffen werde, so entziehe das Recht dem angegriffenen Rechtsgute seinen Schutz, eine »Rechtsgüterverletzung« sei deshalb nicht vorhanden*). Das wäre doch wohl ein merkwürdiges »Recht«, das seinen Schutz dann entzieht, wenn es seinen Schützling angegriffen sieht.

Endlich aber bleibt die Verletzung in Nothstand auch nicht um deswillen straflos, weil der Bedrohte aus seinem Zustand ein »Recht« ableiten konnte, fremde Rechtsgüter zu verletzen, denn durch den Umstand, dass ich mein Rechtsgut in Gefahr sehe, entsteht für mich nicht das Recht, fremde Rechtsgüter anzugreifen**).

---

*) Vgl. Schütze, Nothwendige Theilnahme, S. 295.

v. Tuhr, Nothstand, S. 43 u. 134.

**) Garraud, Traité théorique et pratique du droit pénal français (Paris 1888) Bd. I. S. 371: »Aucune contrainte ne peut donner le droit de faire un acte defendu par la loi«.

Von den Fällen des Nothstands müssen unterschieden werden die Fälle, in denen ein Nothrecht anerkannt ist, wie dies z. B. durch die Seemannsordnung, § 75 Abs. 2 geschieht (»Der Schiffer ist auch befugt, die Güter über Bord zu werfen, wenn dieselben Schiff oder Ladung gefährden«) vgl. Stammler, Nothstand, S. 63 f.

Binding, Handbuch, S. 772 f.

Die in Nothstand begangene Rechtsgüterverletzung bleibt unseres Erachtens straflos aus »Billigkeitsgründen«;*) »eine strafbare Handlung ist vorhanden« aber der »Schuldige« wird nicht gestraft.

Für die Lehre von der Anstiftung ergiebt sich hieraus, dass, da zwar kein strafbarer »Thäter«, wohl aber eine »strafbare That« vorhanden ist, die Möglichkeit strafbarer Theilnahme, insonderheit hier also strafbarer Anstiftung zu der begangenen Handlung besteht.**) Es liegt also unseres Erachtens bei der Drohung mit gegenwärtiger Gefahr für Leib und Leben kein Fall der »mittelbaren Thäterschaft«, sondern ein Fall der »Anstiftung« vor.

Die gegenwärtige Erörterung über den Nothstand soll lediglich als Mittel zu dem Zweck dienen, darzuthun, dass beim Befehl nicht aus dem Gesichtspunkt der in ihm enthaltenen Drohung »mittelbare Thäterschaft« angenommen werden kann.

Es wurde oben zu zeigen versucht, dass es im Wesen des Befehls liegt, dass er eine Drohung enthält, die Drohung, dass den zum Gehorsam Verpflichteten für den Fall der Nichtbefolgung Strafe treffen werde, dass jedoch diese Drohung als solche nie so mächtig sein kann, dass sie »Nothstand« erzeugt.

Wir müssten also selbst dann, wenn wir beim Nothstand nicht Anstiftung, sondern mittelbare Thäterschaft annehmen würden, trotzdem beim Befehl als solchem — der nicht mit einer Drohung im Sinne des § 52 verbunden ist — Anstiftung und nicht mittelbare Thäterschaft annehmen um deswillen, weil die ihm eigenthümliche Drohung eine Drohung im Sinn des § 48 des Strafgesetzbuchs ist, wo »Drohung« ausdrücklich als Mittel der Anstiftung genannt wird***).

---

*) Schütze, Nothwendige Theilnahme, S. 296. Dagegen: Binding, Handbuch, S. 764 f.

Wir betrachten den Nothstand dementsprechend als Strafausschliessungsgrund; vgl. die oben angeführte Litteratur und weiter die bei Birkmeyer, Theilnahme, S. 157 Anm. 283 Citirten.

**) Vgl. Borchert, Die strafrechtliche Verantwortlichkeit für Handlungen Dritter. S. 26.

v. Liszt, Lehrbuch, S. 236.

Birkmeyer, Theilnahme, S. 155.

***) v. Liszt sagt (4. Aufl. S. 155): »Vielmehr ist hier (wenn die Rechtsordnung die unbedingt verbindende Kraft des Befehls anerkennt) nur ein persönlicher Strafausschliessungsgrund für den Gehorchenden gegeben, und der Befehlende kann als mittelbarer Thäter strafbar sein«. Das scheint uns ein Widerspruch. Auch v. Liszt nimmt, soviel wir sehen, sonst bei Vorliegen eines Strafausschliessungsgrundes nicht mittelbare Thäterschaft, sondern Anstiftung an.

Der § 48 führt den »Befehl« nicht direct als Mittel der Anstiftung an — dies kann uns selbstverständlich nicht hindern, ihn gleichwohl als solches zu betrachten; er lässt einerseits sich sowohl unter dem Begriff der »Drohung«, wie unter dem des »Missbrauchs des Ansehens oder der Gewalt« fassen, andererseits ist er zweifellos auch ein Mittel, durch welches im Sinne des § 48 »vorsätzlich bestimmt« werden kann, und liesse sich desshalb unter den »anderen Mitteln« des Paragraphen einbegreifen*).

Aus den angeführten Gründen ergiebt sich uns, dass der Befehl grundsätzlich als Mittel der Anstiftung aufgefasst werden muss, dass desshalb die Verantwortlichkeit des Befehlenden und des Gehorchenden nach den Regeln der Lehre von der Anstiftung zu beurtheilen ist**).

Damit soll nicht gesagt sein, dass nicht Fälle vorkommen können, wo der Befehlsgeber nicht als Anstifter, sondern als mittelbarer Thäter erscheint: mittelbarer Thäter ist der Befehlsgeber dann,

---

*) Als Mittel der Anstiftung wird der Befehl ausdrücklich genannt z. B. im Bayrischen Strafgesetzbuch vom 6. Mai 1813, Art. 46. Vgl. ferner:

Strafgesetzbuch für Oldenburg vom 10. Sept. 1814, Art. 68.

Criminalgesetzbuch für Hannover vom 8. August 1840, Art. 53.

Criminalgesetzbuch für Sachsen-Altenburg vom 3. Mai 1841, Art. 36.

Strafgesetzbuch für Hessen vom 17. Sept. 1841, Art. 71.

Thüringisches Strafgesetzbuch vom 20. März 1850, Art. 34.

Strafgesetzbuch für Oesterreich vom 27. Mai 1852, § 5.

Strafgesetzbuch für das Königreich Sachsen vom 13. August 1855. Art. 62.

Strafgesetzbuch für Bayern vom 10. November 1861. Art. 54, Ziffer 1.

**) Mittelbare Thäterschaft nimmt beim rechtsverbindlichen Befehl an Schütze, Lehrbuch des Strafrechts (1874) S. 148 Anm. 3, trotzdem er bei einer Drohung im Sinne des § 52 Anstiftung für gegeben erachtet;

vgl. ferner:

Zachariae im Archiv des Criminalrechts (Neue Folge) 1850, S. 276 f.

Geib, Lehrbuch des Strafrechts (1862) Bd. II, S. 346.

Langenbeck, Die Lehre von der Theilnahme am Verbrechen (Jena 1868). S. 150.

v. Liszt, Lehrbuch (4. Aufl.) S. 155 f.

Dagegen insbesondere:

Berner, Die Lehre von der Theilnahme am Verbrechen (1847) S. 282. »Wenn Sejus dem Gajus zum unbedingten Gehorsam verpflichtet ist, Gajus befiehlt dem Sejus die Tödtung des Titius, Sejus tödtet den Titius wirklich: so ist Gajus intellectueller, Sejus physischer Urheber der Tödtung. Aber die Tödtung ist nicht rücksichtlich des Gajus ein Mord, rücksichtlich des Sejus eine straflose Handlung.

wenn der Gehorchende überhaupt nicht vorausgesehen hat, dass er durch seine Thätigkeit den Verbrechensthatbestand erfüllen werde. Bei vorliegender Fahrlässigkeit ist der Befehlsgeber jedoch Anstifter

Besonders betont muss hier noch werden, dass niemals um deswillen mittelbare Thäterschaft angenommen werden kann, weil durch die Rechtsverbindlichkeit des Befehls die Rechtswidrigkeit der Handlung aufgehoben wird. Der rechtsverbindliche Befehl zu einer Rechtsgüterverletzung wirkt nur als persönlicher Schuldausschliessungsgrund, nie als allgemeiner, allgemein bleibt desshalb stets eine strafbare Handlung gegeben und mit ihr die Möglichkeit strafbarer Theilnahme.

---

Capitel 4.

## Die Verantwortlichkeit für auf Befehl begangene strafbare Handlungen. — Allgemeine Grundsätze.

Jeder Mensch ist allgemein für seine Handlungen verantwortlich. Dieser Grundsatz erleidet keine Ausnahme, wenn der Thäter auf Befehl gehandelt hat, weil kein Grund vorhanden ist, welcher seine Verantwortlichkeit auszuschliessen vermöchte.

Durch den Befehl wird für den zum Gehorsam Verpflichteten ein Motiv für seine Entschlussfassung allerdings geschaffen, dadurch, dass er befürchten muss, für den Fall des Ungehorsams bestraft zu werden. Hierdurch tritt wie durch jedes in äusseren Verhältnissen gegebene Motiv eine gewisse Beschränkung der Freiheit in der Entschlussfassung ein — die Freiheit ist jedoch nicht aufgehoben.

Eine Beschränkung der Freiheit in der Entschlussfassung als Grund der Straflosigkeit anerkennt unser Strafgesetzbuch nur beim Nothstand; dieser wird durch den Befehl als solchen nicht erzeugt, also kann Straflosigkeit für den Gehorchenden niemals lediglich um deswillen gegeben sein, weil er einem Befehl Folge leistete. Ob dieser Befehl für ihn »rechtsverbindlich« war oder nicht, ist in dieser Richtung unwesentlich.

Es erhebt sich nun die Frage, ob für den Gehorchenden durch den Befehl andere allgemein wirkende Gründe entstehen können, welche seine Bestrafung auszuschliessen geeignet sind.

Es lassen sich Fälle denken, in welchen dem einen Befehl Ausführenden das Bewusstsein der Rechtswidrigkeit seiner Handlung fehlt. Das ist in doppelter Weise möglich.

Einmal in der Weise, dass der Thäter annimmt, dass eine allgemein rechtswidrige Handlung überhaupt nicht rechtswidrig sei.

Zum andern, dass er sich der allgemeinen Rechtswidrigkeit der Handlung zwar bewusst ist, jedoch annimmt, dass diese Handlung für ihn um deswillen den Charakter der Rechtswidrigkeit verliere, weil sie ihm befohlen sei.

Unseres Erachtens wird in beiden Fällen die Strafbarkeit durch den Mangel des Bewusstseins der Rechtswidrigkeit grundsätzlich nicht ausgeschlossen. In ersterer Richtung um deswillen nicht, weil wir das Bewusstsein der Rechtswidrigkeit weder für einen Bestandtheil des Vorsatzes halten, noch auch annehmen, dass dies Bewusstsein neben dem Vorsatze vorhanden sein müsse, wenn Bestrafung erfolgen könne.*)

Der Mangel des Bewusstseins der Rechtswidrigkeit bildet also keinen allgemeinen Schuldausschliessungsgrund, insoweit nicht die »Rechtswidrigkeit« der Handlung als Thatbestandsmerkmal vom Gesetz ausdrücklich benannt ist.**)

Im zweiten Fall handelt es sich um die irrthümliche Annahme eines persönlichen Schuldausschliessungsgrundes, weil, wie oben erörtert, der rechtsverbindliche Befehl als solcher wirkt; diese Wirkung ist aber nur bei denjenigen Personen denkbar, für welche die Möglichkeit eines rechtsverbindlichen Befehls zu einer Rechtsgüterverletzung gegeben ist. Bei welchen Personen dieser Fall eintreten kann, ist später zu erörtern. Hier muss festgestellt werden, dass Niemand durch die irrthümliche Annahme eines Rechtes, das ihm grundsätzlich nicht zusteht, entschuldigt werden kann.

Der Soldat, der im Manöver seinem Quartiergeber einen silbernen Löffel entwendet, kann sich nicht damit entschuldigen, dass er

*) Auf die Streitfrage, ob das Bewusstsein der Rechtswidrigkeit dem Vorsatz wesentlich sei, näher einzugehen, ist hier nicht die Stelle. Darüber insbesondere Heinemann, die Binding'sche Schuldlehre (Abhandlungen des criminalistischen Seminars Bd. I) S. 251 ff.

**) Vgl. Heinemann, a. a. O. S. 372 ff. Mit dem Mangel des Bewusstseins der Rechtswidrigkeit darf nicht verwechselt werden der Mangel der Voraussicht des strafrechtlich relevanten Erfolges; fehlt die Voraussicht, so kann natürlich auch kein »vorsätzliches« Delict gegeben sein.

behauptet, in der Annahme gehandelt zu haben, es stehe dem Soldaten im Manöver das Recht zu, Beute zu machen.

Der Universitätsprofessor, der einen Studenten körperlich misshandelt, kann sich nicht mit der Behauptung entschuldigen, er habe geglaubt, Träger eines Züchtigungsrechtes gegenüber seinen Hörern zu sein.

Der Gläubiger, der seinem Schuldner die Geldtasche entreisst, kann sich nicht mit der Behauptung entschuldigen, er habe geglaubt, ein Recht der Selbsthilfe zu haben.

Wohl aber kann unseres Erachtens der Irrthum dann Straflosigkeit bewirken, wenn dem Thäter das Recht zu der betreffenden Rechtsgüterverletzung allgemein zusteht, und er sich in concreto lediglich über das Vorliegen der gesetzlichen Voraussetzungen irrt; wenn also z. B. ein Polizeibeamter eine Durchsuchung vornimmt, und zu diesem Zwecke in ein Haus eindringt in der irrthümlichen Annahme, dass die Voraussetzungen der §§ 102—104 der Strafprocessordnung gegeben seien; oder wenn ein Gerichtsvollzieher eine Pfändung vornimmt in der irrthümlichen Annahme, dass eine »vollstreckbare Ausfertigung« vorliege.

Auf das Gebiet des Befehls angewendet, bedeutet dies:

Die irrthümliche Annahme des Thäters, dass die Rechtsgüterverletzung um deswillen für ihn nicht rechtswidrig sei, weil er dem Befehl habe gehorchen müssen, kann vor Strafe nur dann schützen, wenn für den Thäter die Möglichkeit eines rechtsverbindlichen Befehls zu einer derartigen Verletzung überhaupt besteht.

Wer dagegen einem Befehl zu einer Rechtsgüterverletzung grundsätzlich nicht Folge zu leisten schuldig ist, kann sich nicht damit entschuldigen, dass er sagt, er habe geglaubt, dem Befehle gehorchen zu müssen.

Damit wird in letzter Linie die Verantwortlichkeit stets abhängig von den Grenzen der Gehorsamspflicht: Insoweit Jemand zu gehorchen verpflichtet ist, insoweit kann er für die in Gemässheit seiner Pflicht ausgeführte Handlung nicht verantwortlich gemacht werden.

Anerkennt nun das Recht das Bestehen einer Gehorsamspflicht über die Grenzen erlaubter Handlungen?

Im Gebiete des bürgerlichen Strafrechts grundsätzlich nicht; es hätte sonst der Gehorsamspflicht als Grund der Straflosigkeit unbedingt Erwähnung thun müssen*).

Dass das bürgerliche Strafgesetzbuch eine Bestimmung über die Wirkung der Gehorsamspflicht nicht giebt, ist Beweis dafür, dass es die Gehorsamspflicht nur innerhalb der Grenzen erlaubter Handlungen als zu Recht bestehend anerkennt.

Dass dieser Standpunkt heutzutage der grundsätzlich richtige ist, braucht schon um deswillen nicht weiter bewiesen zu werden, weil seine Richtigkeit unseres Wissens von Niemandem ernstlich angezweifelt wird**).

---

*) Dass durch Befehl grundsätzlich die Verantwortlichkeit des Thäters nicht ausgeschlossen werde, erklären ausdrücklich:

Bayrisches Strafgesetzbuch vom 6. Mai 1813, Art. 122;
Strafgesetzbuch für Oldenburg vom 10. September 1814, Art. 127;
Entwurf eines Strafgesetzbuches für Preussen von 1827 § 119,
Entwurf von 1830, § 75,
» » 1833, § 76,
» » 1836, § 88,
» » 1843, § 92,

Die weiteren Entwürfe enthielten keine Bestimmung über den Befehl, ebensowenig schliesslich der Gesetzestext, vgl. hierüber

Goltdammer, Die Materialien zum Strafgesetzbuch für die preussischen Staaten. (1851) Bd. I. S. 375 ff. u. 415 f.

Strafgesetzbuch für Hannover vom 8. August 1840, Art. 85.
Strafgesetzbuch für Hessen vom 17. September, 1841, Art. 40.
Strafgesetzbuch für Bayern vom 10. November 1861, Art. 71.

**) Die Bestimmungen des römischen Rechtes, die für einzelne Unterwürfigkeitsverhältnisse einige Besonderheiten aufweisen, sind bei den einschlägigen Capiteln zu erwähnen.

Das gemeine Recht betrachtet allgemein den Befehl nicht als Grund für gänzliche Straflosigkeit. Nur wenn mit dem Befehl »unwiderstehliche« Gewalt oder eine solche Drohung verbunden sei, die auf der einen Seite leicht auszuführen, von der andern äusserst schwer abzuwenden, werde die Zurechnung vollkommen aufgehoben

Carpzov, Nova practica rerum criminalium (7. Aufl. 1677) P. I. qu. 38 u. 45.

Matthaeus, Commentarius ad lib. XLVII et XLVIII Dig. de Criminibus (Editio Quarta, Wesel 1702) lib. 48 tit. 18 cap. 4 not. 14 S. 797.

Leyser, Meditationes ad Pandectas (3. Aufl.) 1743 Bd. III med. 168. X. u. XII. S. 237.

Westphal, Criminalrecht (Leipzig 1785 Anm. 8. S. 13 ff.

Kleinschrod, Peinliches Recht (1794) S. 231.

Tittmann, Handbuch der Strafrechtswissenschaft (2. Aufl. Halle 1822) Bd. I. S. 215 ff.

Die Abweichungen von diesem Grundsatz innerhalb des Unterwürfigkeitsverhältnisses der Beamten sind in einem folgenden Capitel gesondert zu betrachten.

Wenn nun die Freiheit der Entschlussfassung durch den Befehl auch nicht aufgehoben wird, so wird doch zweifelsohne die Entschlussfassung durch den Befehl und die in ihm liegende Drohung von Nachtheilen für den Fall des Ungehorsams wesentlich beeinflusst, dadurch, dass ein wirksames Motiv zu Gunsten der dem Befehl entsprechenden Thätigkeit gesetzt wird.

Unser Strafgesetzbuch berücksichtigt die Beschränkung in der Freiheit der Entschlussfassung durch von aussen gegebene Motive ausdrücklich nicht und thut so auch des Befehls als Strafmilderungsgrundes keine Erwähnung. Wohl aber ist der Richter in der Lage, den Einfluss, den der Befehl auf die Entschlussfassung des Gehorchenden geübt hat, bei der Strafzumessung als Strafminderungsgrund zu berücksichtigen.

Bei den Verbrechen, bei welchen das Gesetz für den Fall, dass »mildernde Umstände vorhanden sind« einen besondern Strafrahmen gegeben hat, kann der Befehl auch als derartiger »mildernder Umstand« in Betracht gezogen werden.

Dass der Umstand, dass der Thäter die strafbare Handlung in Gemässheit eines ihm ertheilten Befehles begangen hat, als Strafmilderungsgrund zu berücksichtigen sei, wird von Gesetzgebung und Wissenschaft mehrfach ausdrücklich anerkannt.

So sagt z. B. Codex Juris Bavarici Criminalis von 1751 Th. I. cap. 1 § 32: »Bey dem Befehl der Oberen ist zu sehen, wie weit

---

Grolmann, Grundsätze der Criminalrechtswissenschaft. (Giessen 1825) S. 147.

Meister, Principia Juris Criminalis (Göttingen 1828) S. 155.

Luden, Abhandlungen aus dem gemeinen deutschen Strafrecht (Göttingen 1840) Bd. II. S. 513 Anm. 1.

Haeberlin, Grundsätze des Criminalrechts (1845) Bd. I. S. 29.

Berner, Die Lehre von der Theilnahme (1847) S. 280.

An die Bestimmungen des römischen Rechtes lehnen sich an;

Dorn, Peinliches Recht (Leipzig 1790) S. 92.

Boehmer, Observationes ad Carpz. Pract. nov. rer. crim. (1759) quaest. 87. obs. Th. II. S. 71.

Insbesondere den Befehl im Militärdienstverhältniss haben im Auge:

Tiraquell, De poenis temperandis Oper. omm. lib. VII (Frankfurt 1597) Caus. XXXIV. N. 1 ff.

Caball, Resolut. Criminales (Frankfurt 1613) c. 132 N. 7 ff.

der Obere gegen den Untergebenen authorisieret und begwaltet sei. Je höher der Grad sothaner Gewalt und Authorität ist, je weniger und gelinder wird der Untergebene wegen Vollziehung des widerrechtlichen Befehls gestraft. Hiernächst ist auch der Inhalt des Befehles wohl zu beachten; denn was nur auf der Oberen und anderer blosses Anrathen, Vollmacht, Versprechen, Ersuchen, Hülf', Gutheissen oder Veranlassung, zu Latein: consilio, mandato, promisso, prece, ope, approbatione vel causa geschiehet, verdienet in gar überschweren Verbrechen gar keine, und in anderen nicht leicht eine Strafmilderung.«

Zu § 32 macht Kreittmayr die Bemerkung: »So viel die mindere Obrigkeiten, Eltern, Herrschaften, Lehrmeistern und dergl. betrifft, würde jener, welcher seine Missethaten dadurch (durch den Befehl) bekleistern wollte, sehr übel anfahren, und die poenam extraordinariam niemals, in atrocissimis aber nicht capitalem vermeiden«. Er verweist dann auf Carpzov qu. 18 n. 46. Carpzov führt Practica nova rerum criminalium qu. 18, n. 48 an:

». . . . . quando M. D. jussu matris suae infantem occidit, adjudicata ipsi fuit poena ordinaria culei cum appendice: Man wolte ihr dann in Ansehung, dass es sie ihre Mutter geheissen, Gnade erzeigen, auf den Fall möchte sie mit dem Schwerdt vom Leben zum Tode gestrafft und hingerichtet werden.«

Ferner sagt Constitutio Criminalis Theresiana vom 31. December 1768 Art. XI. § 8: »Es beschiehet auch durch heftige Gemüthsbewegungen, dass man in einige Verwirrung gerathen kann, als durch Zorn, Schrecken, durch drohsamen Befehl der Oberen; wobey zu merken . . . .

Den Befehl der Oberen und Vorgesetzten belangend, ist darauf zu sehen, wie weit die Gewalt der Oberen gegen die Untergebenen sich erstreckte? Je grösser die Gewalt, Macht und Ansehen der Oberen ist, je weniger und gelinder kann der Untergebene wegen Vollziehung des widerrechtlichen Befehls gestraffet werden.«

Als Milderungsgrund wird der Befehl weiter erwähnt:

vom Oesterreichischen Gesetzbuch über Verbrechen von 1803, § 39,

vom Strafgesetzbuch für Baden vom 6. März 1845 § 152,

vom Strafgesetzbuch für Thüringen vom 20. März 1850 Art. 44.

Die gemeinrechtliche Wissenschaft steht auf dem durch die angeführten gesetzlichen Bestimmungen gekennzeichneten Standpunkt*).

In der modernen Litteratur wird der Befehl als Strafmilderungsgrund insbesondere von den Franzosen erwähnt, so von Chauveau et Hélie, Théorie du Code Pénal (6. Aufl. Paris 1887). Bd. I. S. 599; von

Garraud, Précis de Droit criminel (3. Aufl. Paris 1888) S. 191: ». . . . le juge devra tenir compte, en mesurant la culpabilité, de la situation de l'agent«; von

E. Villey. Précis d'un cours de Droit criminel (Paris 1891) S. 110.

Der Umstand, dass der Thäter die strafbare Handlung auf Befehl begangen hat, verdient um so mehr Berücksichtigung, je enger das Unterwürfigkeitsverhältniss des Gehorchenden zum Befehlsgeber ist, je grösser also der Einfluss war, den der Befehlsgeber durch den Befehl auf den Thäter geäussert hat. Sehr treffend ist in dieser Richtung die oben angeführte Ausdrucksweise des Codex Juris Bavarici Crim. in § 32: »Je höher der Grad sothaner Gewalt und Authorität ist, je weniger und gelinder wird der Untergebene wegen Vollziehung des widerrechtlichen Befehles gestraft«. Es muss aus diesem Grunde die Verantwortlichkeit für die Ausführung eines Befehls in Folgendem nochmals im Zusammenhang mit der Darstellung der Gehorsamspflicht in den wichtigsten Unterwürfigkeitsverhältnissen Erwähnung finden.

Ueber die Verantwortlichheit des Befehlsgebers für die in Gemässheit des Befehls ausgeführte Rechtsverletzung ist hier allmein Folgendes zu bemerken:

Die Verantwortlichkeit des Befehlsgebers regelt sich, da der Befehl grundsätzlich als Mittel der Anstiftung, der Befehlsgeber als Anstifter erscheint, nach den Sätzen der Lehre von der Anstiftung.

Als Grundsatz ist hier hervorzuheben, dass unser positives Recht die Anstiftung als Theilnahme an der vom Thäter begangenen

*) Vgl. von den Obengenannten hierher insbesondere Carpzov, Nova Practica rerum Criminalium a. a. O.

Matthaeus, Commentarius a. a. O. Die Strafe ist zu mildern propter »majoris rei impetum cui difficulter resisti potest«

Leyser, Meditationes S. 237 ff.

Tittmannn, Handbuch a. a. O S. 215 f.: ferner

Martin, Lehrbuch des Criminalrechts (Heidelberg 1829) S. 124.

That betrachtet*), dass sich desshalb die Strafbarkeit des Anstifters nach der Strafbarkeit der vom Angestifteten begangenen Handlung richtet. Dabei haftet der Befehlsgeber insoweit für die vom Thäter ausgeführten Verletzungen, als diese Verletzungen dem Befehl entsprechen und als sie zur Durchführung des Befehls nothwendig waren. Nicht verantwortlich ist er für die Handlungen des Gehorchenden, die von seinem Vorsatz nicht mit umfasst sind — der Fall des sogenannten »excessus mandati«**).

Eine Bestrafung des Befehlsgebers ist erst dann möglich, wenn der den Befehl Ausführende zum mindesten einen Versuch des befohlenen Verbrechens begangen hat. Das Befehlen einer strafbaren Handlung als solches kann nicht als Versuch bestraft werden, weil derjenige, der einem andern den Befehl giebt, eine Rechtsverletzung zu begehen, damit im Sinne des § 43 des Strafgesetzbuches »den Entschluss, ein Verbrechen oder Vergehen zu verüben«, noch nicht durch Handlungen bethätigt hat, welche »einen Anfang der Ausführung dieses Verbrechens oder Vergehens enthalten«; auch die Annahme eines Versuches der Selbstbegehung ist damit ausgeschlossen***).

Wohl aber kann der Befehl zu einem Verbrechen in Gemässheit des § 49a dann als delictum sui generis bestraft werden, wenn er schriftlich erfolgt ist†).

---

*) Vgl. H. Meyer, Lehrbuch S. 288.
v. Liszt, Lehrbuch S. 221,
insbesondere Birkmeyer, Theilnahme S. 146.
Ueber den Stand der Streitfrage als solcher Birkmeyer a. a. O. S. 149 Anm. 273.

**) Gegen den Ausdruck »excessus mandati« v. Liszt, Lehrbuch, S. 231.
Vgl. ferner Urtheil des Reichsgerichts vom 9. Dezember 1881 (Rechtsprechung Bd. III. S. 784).

***) Den entgegengesetzten Standpunkt vertritt insbesondere Zachariae, die Lehre vom Versuche der Verbrechen (Göttingen 1836) S. 36 u. Derselbe, Zur Lehre von der Teilnahme am Verbrechen, (Archiv des Criminalrechts. Neue Folge 1850) S. 285: »Man wird - . . . nicht in Abrede stellen können, dass die Ertheilung eines verbrecherischen Befehls an sich schon den Befehlenden strafrechtlich verantwortlich machen müsse und wie ein Versuch des Verbrechens zu strafen sey, wenn er ohne Dazwischenkunft einer Willensänderung des Befehlenden unausgeführt blieb . . . . Es ist hier in der That der Fall kaum verschieden von demjenigen, wo das abgedrückte Mordgewehr versagte.
Vgl. über die Streitfrage insbes. Birkmeyer, Theilnahme, S. 144 f. Anm. 263.

†) Ueber die Bestrafung des vorgesetzten Beamten gemäss § 357 des Strafgesetzbuchs vgl. unten Capitel 6.

Die Strafe des Befehlsgebers ist gemäss Abs. II des § 48 nach demjenigen Gesetz festzusetzen, welches auf die Handlung Anwendung findet, deren Begehung er dem Thäter befohlen hat; dabei sind persönliche Eigenschaften oder Verhältnisse, welche die Strafbarkeit erhöhen oder vermindern, nach Massgabe des § 50 in Berücksichtigung zu ziehen. Die Vorschrift des § 50 muss, wie H. Meyer*) ausführt, auf das Vorhandensein oder Nichtvorhandensein innerer Verhältnisse, wie Ueberlegung oder gewinnsüchtige Absicht, analog zur Anwendung gebracht werden.

Ist nach den oben ermittelten Grundsätzen »mittelbare Thäterschaft« als vorliegend zu erachten, so hat die Festsetzung der Strafe in derselben Weise zu erfolgen, wie wenn der Befehlsgeber durch eigene körperliche Thätigkeit die den Verbrechensthatbestand bildenden Veränderungen in der Aussenwelt hervorgerufen hätte.

---

Capitel 5.

# Die Gesorsamspflicht in bürgerlichen Verhältnissen.

## A. Die Gehorsamspflicht des Kindes gegenüber den Eltern.

Die Gehorsamspflicht des Kindes gegen seine Eltern liegt in der Natur dieses Verhältnisses begründet. Die den Eltern obliegende Pflicht der Erziehung hat die Verpflichtung des Kindes zum Gehorsam gegenüber den Befehlen der Eltern zur nothwendigen Voraussetzung. Das Streben von Vater und Mutter, ihr Kind in seinem Denken und Handeln ihrem Willen unterthan zu machen, ist ein dem Menschen von Natur innewohnendes; es ist desto energischer, je mehr die Individualität der Eltern ausgebildet ist. Es ist dies Streben auch durchaus nicht auf den Menschen beschränkt, in der Thierwelt ist es, der Entwickelung jeweils entsprechend, ebenso zu finden.

Das Recht der Eltern, durch Befehle auf die Handlungen des Kindes einzuwirken, bewegt sich in einer doppelten Richtung. Einmal sind die Eltern berechtigt, von ihren Kindern gewisse, den jeweiligen Verhältnissen angemessene Dienstleistungen zu beanspruchen, und zum andern steht den Eltern das Recht zu, die

*) Lehrbuch, 4 Aufl., S. 281.

Befolgung der auf die Erziehung gerichteten Befehle zu verlangen.

Die Erziehung setzt sich zusammen aus einer unendlichen Reihe von einzelnen Befehlen; diese Befehle sind zum grossen Theil nicht ausgesprochen in der Form des directen: »Du sollst« oder »Du sollst nicht!« sondern sie sind enthalten in dem dem Kinde vorgestellten Beispiel und Vorbild.

Die Befolgung aller Befehle aber muss erzwungen werden; bei dem einen Kind ist mehr, bei dem anderen weniger Zwang von Nöthen, ganz ohne Zwang ist eine Erziehung nicht durchzuführen. Es steht desshalb den Eltern gegenüber dem Kinde eine Zwangsgewalt — das Züchtigungsrecht — zu. Es stellt sich dieses Recht dar als die Beschränkung bezw. Aufhebung des dem Rechtsgute der persönlichen Freiheit und der leiblichen Unversehrtheit allgemein gewährten Schutzes zu Gunsten der Erziehungsgewalt. Die Grenzen dieses Rechtes sind durch seinen Zweck gezogen.

Durch das Züchtigungsrecht soll der Gehorsam gegenüber den Befehlen erzwungen werden können. Inwieweit schuldet nun aber das Kind den Befehlen der Eltern Gehorsam? Das Gesetz spricht sich darüber nicht aus; die Beantwortung der Frage ist jedoch aus dem Zweck der Gehorsamspflicht des Kindes unschwer zu entnehmen:

Der Zweck der Gehorsamspflicht ist, den Eltern die Möglichkeit der Erziehung zu gewähren, einer Erziehung, die den Grundsätzen der Moral und des Rechts entspricht. Und darum müssen sich auch alle Befehle innerhalb der Grenzen halten, welche durch diese Grundsätze gezogen sind; über sie hinaus besteht für die Eltern keine Befehlsgewalt, für die Kinder keine Gehorsamspflicht. Im Verhältniss der Eltern zu den Kindern kann deshalb niemals der auf eine strafbare Handlung gerichtete Befehl für das Kind »rechtsverbindlich« sein*).

Sobald aber keine Verpflichtung zur Ausführung eines Befehls, welcher der Rechtsordnung widerspricht, besteht, kann auch die strafrechtliche Verantwortlichkeit des Gehorchenden durch den Befehl nicht aufgehoben werden.

Unser Strafgesetzbuch enthält keine Bestimmung, nach welcher die Verantwortlichkeit des Kindes, wenn es dem Befehle der Eltern

*) Brauer, Der dienstliche Befehl zum Verbrechen als Grund der Straflosigkeit. Gerichtssaal, Bd. VIII. S. 381 ff.

zur Begehung einer strafbaren Handlung gehorcht hat, eingeschränkt oder aufgehoben wäre; es anerkennt damit die Richtigkeit des Grundsatzes, dass das Kind Befehlen der Eltern, welche die Ausführung einer strafbaren Handlung zum Gegenstand haben, Folge zu leisten nicht schuldig ist*).

Die elterliche Gewalt ist nach heutigem Recht auf Befehle zu erlaubten Handlungen beschränkt**).

Anders wie es scheint, die »Patria potestas« des römischen Rechtes, denn »Velle non creditur, qui obsequitur imperio patris...« sagt l. 4 D d. R. J.***).

Aber die Gehorsamspflicht des Kindes hat sicherlich die Grenzen nicht überschritten, innerhalb deren der Sklave dem Herrn zu gehorchen schuldig war†).

Für strafbare Handlungen »quae habent atrocitatem facinoris vel sceleris« ist der Sklave und gewiss auch das Kind — soweit natürlich Strafmündigkeit überhaupt angenommen wird — verantwortlich, wenn die Handlung in Befolgung eines Befehls des Herrn oder des Vaters ausgeführt worden ist; folglich kann sich auch die Gehorsamspflicht auf solche Befehle nicht erstrecken.

Bei leichten Vergehungen — »quae non habent atrocitatem facinoris« — soll das Kind nach römischem Recht straflos bleiben. Es lässt sich diese Bestimmung daraus rechtfertigen, dass der Pater familias hier gegenüber der Familie eine viel höhere Autoritätsstellung einnimmt, als dies nach heutigem Recht der Fall ist, wo der Staat einen grossen Theil der römischen Familiengewalt in seine Allgewalt aufgesogen hat. Da war es für die Aufrechterhaltung der Autorität von Bedeutung, dass das Kind nicht bei ihm befohlenen

*) Vgl. Goltdammer, Die Materialien zum Strafgesetzbuch für die preussischen Staaten (151) Bd. I. S. 375 ff u. 415.

**) Berner, Die Lehre von der Theilnahme am Verbrechen, S. 283.

Püttmann, »An et quatenus iussio eum, qui paret a poena excuset?« S. 21.

Henke, Handbuch des Criminalrechts 1823, Bd. I. S. 241.

***) Vgl. dazu Kleinschrod, Grundbegriffe und Grundwahrheiten des peinlichen Rechts (Erlangen 1794) S. 233.

†) Bezüglich der Sclaven sagt l 157 D de R. I.: »Ad ea quae non habent atrocitatem facinoris vel sceleris ignoscitur servis, si vel dominis vel his, qui vice dominorum sunt, veluti tutoribus et curatoribus obtemperaverint.«

Ueber die Grenzen der Gehorsampflicht nach römischem Recht ist des Zusammenhangs wegen erst bei der geschichtlichen Entwickelung im besonderen Theil näher zu handeln.

Handlungen, wenn sein »Rechtsgefühl« dieselben nicht ganz billigen konnte, sofort den Gehorsam, die Grundlage des ganzen Autoritätsverhältnisses, künden konnte. Gegenüber Befehlen, deren verbrecherischer Charakter offensichtig war, hörte ja auch nach römischem Recht die Gehorsamspflicht auf*).

Oersted, Abhandlungen aus dem Gebiete der Moral- und Gesetzgebungs-Philosophie Bd. II S. 218 meint: »Auch andere Vorgesetzte als die Obrigkeit, z. B. Eltern und Dienstherren, können Befehle geben, deren Gegenstand ein Verbrechen ist, die aber die Untergebenen sich nicht weigern können auszuführen, weil jene einen Rechtsgrund zu haben behaupten, dessen Dasein und Hinlänglichkeit jene zu untersuchen das Recht nicht haben«. Der Satz ist durchaus unrichtig. Gegenüber jedem Befehle der Eltern steht dem Kinde das Recht und die Pflicht zu, zu prüfen, ob der Befehl sich auf eine erlaubte, oder ob er sich auf eine vom Gesetz verbotene Handlung beziehe, und im letzteren Falle hört die Pflicht zum Gehorsam auf.

Es liegt ja nahe, dass das im Gehorsam erzogene Kind immer geneigt sein wird, den Befehlen der Eltern unbedingt Folge zu leisten — ohne weitere Prüfung, ob die befohlene Handlung auch dem Gesetz entspricht, und darum muss gerade bei Handlungen, deren Charakter sich dem Kinde nicht klar als verbrecherisch darstellte und darstellen musste, das zwischen dem Befehlsgeber und dem Gehorchenden bestehende Subordinationsverhältniss bei der Beurtheilung der strafrechtlichen Verantwortlichkeit berücksichtigt werden**).

Unseres Erachtens ist es vollkommen ausreichend, wenn diese Berücksichtigung dem Richter anheimgegeben wird. Die Gestaltung der Verhältnisse kann gerade hier eine so ungemein verschiedenartige sein, dass es unzweckmässig wäre, im Vornherein durch Gesetzesbestimmungen die Freiheit der Beurtheilung des concreten Falles beschränken zu wollen***).

---

*) Vgl. l. 157 D d. R. I., ferner

Farinacius, Quaest 97 u. 153: »Filius in levioribus criminibus excusatur de mandato et iussu patris secus in gravioribus«.

Köstlin, System des Strafrechts Bd. I, S. 11, Anm. 8. u. 9.

**) Puchelt, Strafgesetzbuch (1871) Note 8 zu § 52 S. 103.

***) Für eine geringere Strafe, wenn Kinder auf Befehl der Eltern eine strafbare Handlung begangen haben:

Matthäus, Commentarius ad lib. XLVII et XLVIII Dig. de Criminibus (4. Aufl. 1702) lib. 48 tit. 18 cap. 4 not. 14 S. 797.

Eine Bestrafung des »Kindes« kann natürlich in Gemässheit der §§ 55 ff. des Strafgesetzbuches überhaupt nur dann erfolgen, wenn dasselbe zur Zeit der Begehung der That das 12. Lebensjahr vollendet, und, wenn dies der Fall, die »zur Erkenntniss ihrer Strafbarkeit erforderliche Einsicht« besessen hat.

Ist nun der Befehlsgeber — der Vater oder die Mutter — als Anstifter oder als »mittelbarer Thäter«*) zu bestrafen? Die gemeine Meinung wird hier mittelbare Thäterschaft annehmen, wenn das Kind

---

Quistorp, Grundriss des Peinlichen Rechts (5. Aufl. 1794) S. 84, insbesondere bei der Blutschande S. 785.

Leyser, Meditationes ad Pandectas (3 Aufl. 1743 Bd. III) medit. 168 X u. XI. S. 237 ff. Leyser lässt jedoch nur den Befehl des Vaters, nicht den der Mutter (a. a. S. 354) als Grund einer Strafmilderung gelten.

»Ille (pater) familiae caput, imperat et iussibus suis neccessitatem aliquam liberis imponit, obsequiumqne detrectantibus malum minatur. In matre vero hoc secus, quae nec imperat, nec neccessitatem imponit, nec malum tale, quale pater minari potest. Reverentia vero sola non excusat, et metus, qui ex ea oritur vanus est.«

Boehmer, Observationes ad Carpzovii Practicam novam rerum criminalium 1759. Theil I Quaestio 87. Observatio 1, S. 71 f. Theil II quaest 4. observ. 1.

Carpzov, Nova practica rerum criminalium 7. Aufl. 1677. P. I. Quaest. 18. num. 45 ff. S. 85. Die Kindesmörderin, die das Kind auf Befehl ihrer Mutter tötet, solle nicht mit der poena ordinaria der Säckung, sondern der poena extraordinaria, der Strafe des Schwertes, gestraft werden.

Tiraquell, De poenis temperandis Oper. omn. Liber VII. Frankfurt (1597) Causa XXXIV. N. 1 ff. (S. 62.)

Julius Clarus, Sententiarum receptarum. Liber quintus (Venedig 1607) Quaestio LX n. 12 S. 171.

Petrus Caball, Resolutiones Criminales Centuria tertia, Frankfurt 1613 Casus 300 n. 57 ff.

Hommel a. a. O. S. 23 ff.

*) Vgl. insbes. H. Meyer, Lehrbuch, S, 227, Anm. 4 u. S. 290, Anm. 9.

v. Liszt, Lehrbuch, S. 166.

Birkmeyer, Theilnahme, S. 269, Anm. 430.

Dagegen in constanter Rechtsprechung das Reichsgericht vgl. Urtheil vom 12. April 1882 (Rechtsprechung Bd. IV S. 308) vom 6. Juni 1882 (Rechtsprechung Bd. IV. S. 531), vom 20. September 1882 (Rechtsprechung Bd. IV. S. 700), vom 29 April 1886 (Rechtsprechung Bd. VIII, S. 313), ferner

Borchert, Strafrechtliche Verantwortlichkeit für Handlungen Dritter. S. 24.

Ziebarth, Das Forstrecht Bd. III (1889) S. 341.

Olshausen, Commentar Bd. I, Th. I, Abschn. 4, Note 5 u. 6. S. 271 u. § 56, Note 8, S. 277

entweder noch nicht strafmündig war oder aber die zur Erkenntniss der Strafbarkeit nöthige Einsicht nicht besessen hat.

Wir können uns nicht auf diesen Standpunkt stellen, da wir trotz der erhobenen Einwendungen, die in den citirten Urtheilen des Reichsgerichts vertretene Auffassung für richtig und allein den Bedürfnissen der Praxis angemessen erachten.

Das Reichsgericht sagt in seinem Urtheil vom 12. April 1882 (Rechtsprechung Bd. IV S. 308 ff.) S. 310: »Es kann nicht die Rede davon sein und würde allen Grundsätzen des Strafrechts widersprechen, wollte man die Straflosigkeit im Handeln des Kindes zur Straflosigkeit des gesammten Delicts erweitern. Es würde aber nicht minder zu unzureichenden und für zahlreiche Fälle schlechthin untauglichen Consequenzen führen, wollte man ... principiell das Kind stets nur als Werkzeug in der Hand des Erwachsenen ansehen und von diesem Gesichtspunkte aus die Mitwirkung des ersteren als die eigene unmittelbar zuzurechnende Handlung des Erwachsenen qualificiren. Thatsächlich wird in einzelnen Fällen der verbrecherische bewusste Wille des Kindes und sein bewusstes Handeln die wesentlichsten Elemente des Thatbestandes einer Strafthat so vollständig erfüllen, die Mitwirkung des Strafmündigen sich so zweifellos nur in der Form accessorischer Beistandleistung, strafrechtlicher Beihilfe vollziehen, dass die Annahme, das Kind sei nur Mittel in der Hand des Theilnehmers gewesen, als widersinnig schlechthin auszuschliessen ist.«

Der in dieser Entscheidung geltend gemachte Gesichtspunkt scheint uns bisher in seiner Richtigkeit noch nicht widerlegt Wir sind desshalb der Meinung, dass es von der individuellen Entwickelung des gehorchenden Kindes abhängt, ob im Einzelfall der Befehlsgeber als Anstifter oder als mittelbarerer Thäter zu betrachten ist*).

Das dem Lehrer gegenüber dem Schüler zustehende Befehlsrecht ist der Erziehungsgewalt der Eltern nachgebildet; es erstreckt sich auf alle diejenigen Gebiete der Erziehung, in welchen der Lehrer als Stellvertreter der Eltern erscheint. Die oben ausgesprochenen Grundsätze haben desshalb hier analoge Anwendung zu finden.**)

---

*) Vgl. Olshausen, a. a. O. S. 271.

**) Hommel »De poena ejus qui ex mandato aut jussu delinquit.« Wittenberger Dissertation 1786 nimmt an (S. 17 ff.), dass der Befehl des Mannes für die Ehefrau einen Milderungsgrund bilde. Er erklärt aber ausdrücklich (S. 19), dass umgekehrt der Ehemann nicht als Grund für die Milderung der

### B. Die Gehorsamspflicht des Dienstboten gegenüber dem Dienstherrn.

Die strengste Unterwürfigkeit schuldet naturgemäss der Sklave dem Herrn, in dessen Eigenthum er steht. Dem Herrn gegenüber hat der Sklave keinen eigenen Willen — »Velle non creditur qui obsequitur imperio . . . . . domini« — er ist ein willenloses Werkzeug in seiner Hand. Und doch schuldet nach römischem Recht der Sklave dem Herrn keinen absoluten Gehorsam; für die Befolgung von Befehlen, die eine schwerer strafbare Handlung zum Gegenstand haben, wird er strafrechtlich verantwortlich gemacht, denn derartige Befehle ist er zu befolgen weder verpflichtet noch berechtigt*).

Nach mittelalterlich-deutschem Recht freilich muss der Sklave auch solche Befehle seines Herrn ausführen; der Herr allein wird für die Ausführung der strafbaren Handlung verantwortlich gemacht**).

Unser heutiges Recht kennt das Institut der Sklaverei nicht mehr. Die Dienste, die einst der Sklave leistete, leistet heute der freie Arbeiter, der sein Dienstverhältniss nach freiem Willen anknüpft und löst. Und doch muss auch noch heute ein bestimmtes Unterwürfigkeitsverhältniss des Arbeitnehmers gegenüber dem Arbeitgeber als zu Recht bestehend erachtet werden. Der Untergebene ist dem Herrn auf alle Befehle Gehorsam schuldig, welche auf die Leistung der bedungenen Arbeit Bezug haben. Ausserdem schuldet der Dienstbote allen denjenigen Anordnungen der Dienstherrschaft Gehorsam, welche zur Aufrechthaltung der Hausordnung ergehen.

---

Strafe anführen könne, dass er die strafbare Handlung auf Befehl seiner Ehefrau begangen habe »frustra excipit metuendas rixas, atque intolerabiles alterationes, quia maritum non decet, esse virum uxorium, qui sub imperio uxoris gemit, quin potius in rebus illicitis auctoritatem suam interponere et mediis coactivis uti potest, ne uxor quid admittat quod et rei publicae et domesticae sit nocivum.«

Ein strafrechtlich relevantes Unterwürfigkeitsverhältniss der Frau gegenüber dem Mann kann heute nicht mehr angenommen werden.

*) Vgl. 1 157 D. d. R. I. 1 17 § 7 D de injur. et famos. lib. 47.10 und unten Capitel 8 Die Gehorsamspflicht nach römischem Recht.

v. Tuhr, Der Nothstand im Civilrecht S. 42.

**) Vgl. Lex Bajuvariorum l. II § 8

Lex Frisionum § 13.

und unten Capitel 9: Die Gehorsamspflicht nach mittelalterlich-deutschem Recht.

Während nun aber das Kind sich der Gehorsamspflicht gegenüber den Eltern so lange es noch in ihrer Gewalt steht, berechtigterweise nicht entziehen kann, ist dem Dienstboten diese Möglichkeit jederzeit gegeben, er muss lediglich die bedungene oder gesetzliche Kündigungsfrist einhalten. Mit dem Austritt aus dem Dienstbotenverhältniss ist dann auch die Gehorsamspflicht erloschen. Es ist diess desshalb der Fall, weil die Gehorsamspflicht keine angeborene oder gesetzliche, sondern eine vertragsmässig übernommene war*).

Die Gehorsamspflicht des Dienstboten gegenüber dem Dienstherrn beruht somit auf dem Dienstmiethevertrag. In diesem Vertrage kann die Leistung der verschiedenartigsten Dienste übernommen werden. Es unterliegt aber nach den allgemeinen Grundsätzen der Lehre über den Vertrag keinem Zweifel, dass eine unsittliche Leistung nicht als rechtswirksam ausbedungen werden kann; das Versprechen, auch Befehlen, die eine strafbare Handlung zum Gegenstand haben, gehorchen zu wollen, wäre aber als Uebernahme einer unsittlichen Leistung zu erachten.

Die Gehorsamspflicht des Dienstboten gegenüber dem Dienstherrn kann sich sohin nur auf gesetzlich erlaubte Handlungen beziehen**).

Wenn desshalb auch die strafrechtliche Verantwortlichkeit des Dienstboten für auf Befehl des Dienstherrn begangene strafbare Handlungen durch den Befehl weder ausgeschlossen noch beschränkt wird, so muss gleichwohl der Richter im concreten Fall den Einfluss des bestehenden Unterwürfigkeitsverhältnisses im Zusammenhang mit dem Bildungsgrad und der Charakterentwickelung des Thäters berücksichtigen***). Es wird hier, ebenso wie in demVer-

*) Vgl. v. Schwarze, Commentar zum Strafgesetzbuch für das deutsche Reich.

**) Vgl. Püttmann a. a. O. S. 24 f.

Oersted, Abhandlungen aus dem Gebiete der Moral- und Gesetzgebungsphilosophie Bd. II S. 218.

ferner Erkenntnisse des königl. preuss. Obertribunals vom 31. Mai 1877, mitgetheilt von Goltdammer, Archiv Bd. XXV S. 450 u. 499.

***) Vgl. Matthaeus a. a. O. S. 797,

Quistorp, a. a. O. S. 84 u. 785,

Tiraquell, a. a. O. S. 62,

Jul. Clarus, a. a. O. S. 171.

Hommel a. a. O. (S. 121): »Cum enim famulitium nostrum ex infima interdum plebe desumatur, et commoda educatione non fruatur, non statim accurate facti illiciti eventum secum perpendere potest«

hältniss zwischen Eltern und Kindern, der zum Gehorsam Verpflichtete leicht geneigt sein, die befohlene Handlung ohne Weiteres als erlaubt anzusehen und desshalb zu gehorchen, ohne sich den rechtsverletzenden Erfolg seines Handelns vorzustellen*).

Hinsichtlich der Verantwortlichkeit des Befehlsgebers haben die oben erwähnten und erörterten Grundsätze entsprechend Anwendung zu finden.

---

Capitel 6.

## Die Gehorsamspflicht des untergebenen gegenüber dem vorgesetzten Beamten.

Das Strafgesetzbuch versteht unter »Beamten« alle im Dienste des Reichs oder in unmittelbarem oder mittelbarem Dienste eines Bundesstaats auf Lebenszeit, auf Zeit oder nur vorläufig angestellten Personen, ohne Unterschied, ob sie einen Diensteid geleistet haben oder nicht, ingleichen Notare, nicht aber Advokaten und Anwalte**).

In mittelbarem oder unmittelbarem Dienst eines Staates angestellt sein, heisst die Verpflichtung haben, in Gemässheit eines mit dem Staate oder einer Gemeinde abgeschlossenen Vertrages zur Erfüllung der dem Auftraggeber obliegenden Aufgaben thätig zu sein.

Der Inhalt des von dem Beamten mit seinem Auftraggeber abgeschlossenen Vertrages wird nicht, wie dies in privatrechtlichen Vertragsverhältnissen der Fall ist, durch die freie Vereinbarung der Vertragstheile bestimmt, sondern er ist in seinen wesentlichen Punkten der freien Vereinbarung entzogen und durch Gesetz oder Verordnung im Vornhinein festgestellt***).

---

*) Vgl. Entscheidung des Reichsgerichts vom 20. Sept. 1887 Rechtsprechung Bd. IX S. 447.

Zu betonen ist, dass es sich in dieser Entscheidung um das Delict der Nötigung (§ 240) handelt, in dessen Thatbestandsmerkmale das Gesetz das Moment der Widerrechtlichkeit ausdrücklich aufgenommen hat; nur aus diesem Grunde kann der Mangel des Bewusstseins der Rechtswidrigkeit hier Straflosigkeit bewirken. Dass sich der Angeklagte »in irriger Auffassung seiner Dienstpflicht für verpflichtet gehalten hat, dem Befehl seines Dienstherrn Folge zu leisten«, könnte ihn nach dem oben Erörterten vor Strafe nicht schützen, da es für Dienstboten keine rechtsverbindlichen Befehle zu strafbaren Handlungen gibt.

**) Strafgesetzbuch für das Deutsche Reich § 359.

***) Vgl. Seydel, Bayerisches Staatsrecht Bd. III. S. 327.

Die Organisation aller staatlichen Behörden ist nun in der Weise durchgeführt, dass jedes untergeordnete Organ die Befehle des übergeordneten zu vollziehen hat, denn es ist für die Einheit der Verwaltung und für ihre Wirksamkeit durchaus nothwendig, dass kein fremder Wille hemmend in ihren Gang eingreift und damit die Durchführung von Massregeln, welche die höhere Stelle als zweckentsprechend erachtet und für welche sie die Verantwortung trägt, hindert.

Aus diesem Grunde ist — ausdrücklich ausgesprochen oder nicht — eine wesentliche Bestimmung jedes öffentlich-rechtlichen Dienstvertrages*) die Verpflichtung des Beamten zum Gehorsam gegenüber den Befehlen seiner Vorgesetzten**).

Die Gehorsamspflicht ist als Bestandtheil des öffentlich rechtlichen Dienstvertrages eine öffentlich rechtliche Pflicht des Beamten***).

Ihr Inhalt und ihre Grenzen sind durch Rechtsnormen bestimmt. Freilich oft nicht ausdrücklich; in den meisten Fällen sind die Grenzen der Gehorsamspflicht aus der Natur und dem Inhalte des Dienstvertrages selber zu entwickeln.

Die Frage nach den Grenzen der Gehorsamspflicht des Beamten ist eine in der Literatur des Staatsrechts vielfach behandelte.

Hier ist nicht die Stelle, die staatsrechtliche Seite dieser Frage zu erörtern. Von einer derartigen Untersuchung kann um so eher abgesehen werden, als die Frage in der Abhandlung von Freund »Ueber die Verantwortlichkeit der Beamten für die Gesetz-

---

*) Ueber die rechtliche Natur des Staatsdienervertrags vgl. insbes. Rehm. Die rechtliche Natur des Staatsdienstes (Hirth's Annalen 1884 u. 1885. S. 565 bezw. 65 ff.

Laband, Staatsrecht des Deutschen Reiches (2. Aufl.) Bd. I. S. 407 ff.

**) Rehm, a. a. O. S. 139. »Die Gehorsamspflicht folgt aus dem Wesen des Staatsdienervertrages. Die Aemterorganisation beruht auf einer Ueber- und Unterordnung der Behörden, denn beim Mangel einer solchen hierarchischen Ordnung müsste die Einheit in der Durchführung der Staatsaufgaben entbehrt werden, und doch ist, wenn die Thätigkeit Vieler demselben Ziele gewidmet sein und dieses Ziel wirklich erreicht werden soll, die erste Voraussetzung, dass der Beamte der Unterbehörde dem rechtmässigen Dienstbefehle der Oberbehörde unbedingt Folge leistet.«

***) Laband, a. a. O. S. 439: »Durch den Staatsdienstvertrag wird für den Staat nicht ein Forderungsrecht, sondern eine Gewalt begründet; und der Beamte verpflichtet sich nicht blos Arbeit zu leisten, sondern zu gehorchen«.

mässigkeit ihrer Amtshandlungen« im Archiv für öffentliches Recht Bd. I. S. 108 ff. eine ausführliche Behandlung gefunden hat, deren Resultat uns zutreffend erscheint.

Freund unterscheidet drei verschiedene Theorien über die Grenzen der Gehorsamspflicht*): Die eine Theorie — vertreten hauptsächlich von Baldus und Thomas Hobbes — lehrt die unbedingte Gehorsamspflicht des Beamten und dementsprechend den Ausschluss jeder Verantwortlichkeit für die auf höheren Befehl ausgeführte Handlung.

Eine Beschränkung der Gehorsamspflicht forderten hiegegen bereits Grotius, Pufendorf, Boehmer u. a.; sie gestehen dem Beamten das Recht zu, den Befehl des Vorgesetzten auf seine Gesetzmässigkeit zu prüfen. Nur dem nach Form und Inhalt verfassungsmässigen Befehle wohne verbindliche Kraft bei, und nur ein solcher Befehl könne die Unverantwortlichkeit des Gehorchenden bewirken. Ist die formelle oder materielle Gesetzwidrigkeit des Befehls offenbar, so müsse der Beamte den Gehorsam unbedingt verweigern, auch wenn die Oberbehörde auf seine Remonstration bei dem gegebenen Befehl beharrt hat; ist sie jedoch zweifelhaft, so müsse er gehorchen.

Theils weitere, theils engere Grenzen ziehen der Gehorsamspflicht die Vertreter der (von Freund a. a. O. S. 119) sogenannten »Remonstrationstheorie«: Seuffert, von der Becke, Gönner, v. Mohl, Bluntschli, v. Rönne, Schulze. Sie fordern bei Zweifel über die Gesetzmässigkeit des Befehls eine Remonstration von Seite des zum Gehorsam Verpflichteten und schliessen die Verantwortlichkeit des Gehorchenden, dann aber auch nur dann aus, wenn der Vorgesetzte trotz der erhobenen Gegenvorstellung auf seinem Befehl bestehen blieb, in welchem Fall der Untergebene zum Gehorsam verpflichtet ist**). (»gloria obsequii«.)

Der logische Widerspruch, der in dem Umstand liegt, dass ein an sich ungesetzlicher Befehl dann für den Beamten rechtsverbindlich wird, wenn die vorgesetzte Behörde auf die erhobene Remonstration hin bei dem gegebenen Befehl beharrt, macht auch diese

---

*) Archiv f. öffentliches Recht a. a. O. S. 117 ff.

**) Vgl. insbes. Württembergische Verfassungsurkunde vom 25. Sept. 1819 § 53, deren Bestimmung jedoch in ihrer strafrechtlichen Bedeutung durch Artikel 403 des Strafgesetzbuches modificirt wird.

Theorie zu einer den modernen juristischen Constructionen des Beamtenverhältnisses nicht mehr angemessenen*).

Unseres Erachtens liegt die richtige Ansicht über die Grenzen der Gehorsamspflicht in dem Wesen des Amtes und in der Organisation der einzelnen staatlichen Behörden selbst begründet. Danach sind in der Regel jedem Amte zwei verschiedene Kategorien von Aufgaben zugewiesen; die Art und Weise der Lösung der einen ist in das freie Ermessen des Amtsinhabers gestellt; bei der Lösung der andern ist er an das Ermessen der vorgesetzten Behörde und an die diesem Ermessen entsprechenden Willensäusserungen gebunden.

Zweck jedes einzelnen Amtes ist die Erfüllung der dem betreffenden Amt zugewiesenen Aufgaben und nur dieser; das Recht und die Pflicht zur Erfüllung dieser Aufgaben bildet die Zuständigkeit des betreffenden Amtes. Aus dem Zweck folgt, dass der Inhaber eines Amtes im Interesse der Einheit bei der Durchführung der staatlichen Aufgaben alle seinem speciellen Amte zugewiesenen Obliegenheiten — aber auch nur diese — durchzuführen berechtigt und verpflichtet sein muss. Um nun sicher zu erkennen, ob eine Aufgabe von ihm auszuführen ist, muss der Beamte prüfen, ob diese Aufgabe thatsächlich zu den Obliegenheiten seines Amtes gehört. Dies ist dann der Fall, wenn die Lösung der Aufgabe entweder in sein freies Ermessen gestellt ist, oder wenn die Art und Weise der Lösung seiner vorgesetzten Behörde zugewiesen, er selber aber verpflichtet ist, die concrete Handlung nach dem Ermessen der Oberbehörde auszuführen. Damit entsteht bei Aufgaben ersterer Art die Pflicht zur Prüfung der Frage**): »Bin ich zur Ausführung dieser Handlung zuständig«, bei Aufgaben der zweiten Art die Pflicht zur Prüfung der Frage: 1. »Ist die Oberbehörde zur Anordnung dieser Handlung zuständig?« und 2. »Bin ich zur Durchführung zuständig?«

Und noch auf ein Drittes muss sich seine Prüfung erstrecken. Für die Rechtsgiltigkeit mancher Befehle ist die Einhaltung einer bestimmten Form verlangt; Grund hiefür ist die in der Einhaltung der vorgeschriebenen Formen gebotene Garantie für die Rechtmässigkeit des Inhalts. Vorgeschrieben kann so z. B. sein: Schriftlichkeit des Befehls, doppelte Zeichnung (Gegenzeichnung)

---

*) Ueber diese Theorie vgl.

Laband, a. a. O. S. 441 Anm. ». . . Ein rechtswidriger und in sich nichtiger Befehl kann dadurch nicht Rechtswirksamkeit erlangen, dass er zweimal ertheilt wird.«

**) Laband, a. a. O. S. 442.

oder Beidruck des Amtssiegels. Sind derartige Formen für die Giltigkeit eines Befehls verlangt, so hat sich die Prüfung des Untergebenen auch auf diesen Punkt zu erstrecken.

Findet nun der Untergebene bei der vorgenommenen Prüfung, dass die Ertheilung des Befehls in der Competenz des Vorgesetzten, die Ausführung in seiner Competenz gelegen ist, und dass etwa vorgeschriebene Formen eingehalten sind, dann muss er dem Befehl Folge leisten*). Sein Prüfungsrecht geht somit nicht auf das Verhandensein der Voraussetzungen des Befehls — die materielle Gesetzmässigkeit.

Diesem Grundsatz ist in verschiedenen Urtheilen des Reichsgerichts Ausdruck gegeben, so in dem Urtheil vom 1. November 1880 (Rechtsprechung Bd. II S. 424); in dem Urtheil vom 23 November 1880 (Rechtsprechung Bd. II S. 559ff.); in dem Urtheil vom 1. Mai 1882 (Rechtsprechung Bd. IV S. 418ff.) insbes. S. 420 ». . . ebenso muss bezüglich solcher Befehle oder Verfügungen, welche nicht von der Behörde selbst, sondern durch untergeordnete Organe vollzogen werden, daran festgehalten werden, dass, wenn die Verfügung von der im Allgemeinen zuständigen Behörde ausgegangen ist, dem vollziehenden Organ in der Regel keine selbständige Prüfung der materiellen Richtigkeit der Verfügung zugestanden werden kann . . . «; in dem Urtheil vom 7. Mai 1885 (Rechtsprechung Bd. VII S. 280): »Das Gericht anerkennt, dass die Anordnung des Stadtwachtmeisters, den H. M. zur Vernehmung über seine persönlichen Verhältnisse in Folge eines von ihm eingereichten Begnadi-

*) Der Befehl ist in diesem Falle für ihn rechtsverbindlich, die dem Befehl entsprechende Handlung gesetzmässig.

Vgl. Luden, Handbuch des Strafrechts Bd. I. S. 311.

Henke, Handbuch des Criminalrechts (1823) S. 242.

Feuerbach, Lehrbuch des Peinlichen Rechts, 14. Aufl. (herausgegeben von Mittermaier) Giessen 1847, S. 181, Note IV.

Zachariae, Zur Lehre von der Theilnahme. Archiv des Criminalrechts 1850, S. 278.

Schütze, Lehrbuch des Strafrechts, S. 107.

Ortolan, Éléments de droit pénal T. I. S. 192. ». . . l'obéissance n'est due au supérieur, tout le monde en conviendra, que dans la sphère de ses pouvoirs; hors de ces pouvoirs il ne reste qu'un homme privé, sans attribution ni droit de commandement«.

Binding, Handbuch, S. 805 . . . ». . . soll der Befehl Gehorsam wirken, so muss er vom wirklichen Dienstvorgesetzten in formell gesetzlicher Weise dem wirklichen Dienstuntergebenen ertheilt sein und eine in den Amtskreis dessen, der befiehlt und dessen, dem der Befehl gilt, einschlagende Handlung betreffen«.

gungsgesuches nöthigenfalls mit Gewalt vorzuführen, gesetzwidrig war. Es nimmt jedoch an, dass zwangsweise Vorführungen im Allgemeinen in den Grenzen der Polizeibehörden liegen, dass der Wachtmeister hier als Verteter des Polizeiamts handelte, dass er der Vorgesetzte der Polizeidiener war, dass diese seinen Anordnungen Folge zu leisten hatten und nicht berechtigt waren, die Gesetzlichkeit der in Rede stehenden Anordnungen einer Prüfung zu unterziehen . . .«

Wie in den angeführten Entscheidungen hervorgehoben, handelt der einem für ihn rechtsverbindlichen Befehl Folge leistende Beamte »in der rechtmässigen Ausübung seines Amtes« auch dann, wenn der Befehl materiell gesetzwidrig (»gesetzlich nicht gerechtfertigt«) ist Diese Constatierung wird von besonderer Wichtigkeit bei der Feststellung des Begriffes der »rechtmässigen Ausübung des Amtes« in § 113 des Strafgesetzbuchs. Nach dem Angeführten macht sich derjenige, der einem Beamten im Vollzug eines für ihn rechtsverbindlichen Befehls Widerstand leistet, oder der einen Beamten, während derselbe einen solchen Befehl vollzieht, thätlich angreift, in Gemässheit dieser Gesetzesbestimmung strafbar*).

Würde dem Untergebenen das Recht zustehen, jeweils zu prüfen, ob die Voraussetzungen eines Befehls gegeben sind, so würde ihm dadurch das Recht gegeben sein, in die Competenz des Vorgesetzten einzugreifen und dadurch die Erledigung der diesem Amte gesetzlich zugewiesenen Aufgaben zu hindern: dies würde aber die Lösung der den Organen der Staatsgewalt obliegenden Aufgaben überhaupt unmöglich machen**).

Die an sich staatsrechtliche Frage der Grenzen der Gehorsamspflicht hat nun auch in verschiedenen Strafgesetzbüchern vom strafrechtlichen Gesichtspunkte aus Berücksichtigung gefunden.

Wir können bei den betreffenden Bestimmungen drei verschiedene Principien unterscheiden:

1. Das sächsische Strafgesetzbuch vom 13. August 1855 sagt in § 94: »Der Befehl eines Vorgesetzten kommt dem Untergebenen insofern zu statten, dass er wegen einer in Gemässheit desselben vorgenommenen Handlung, auch wenn sie etwas Gesetzwidriges enthält, nicht bestraft werden kann, dafern der Vorgesetzte an

*) Vgl. auch §§ 110 u. 117 des Strafgesetzbuchs.
Freund, a. a. O. S. 125 ff.
Olshausen, Commentar, Bd. I. § 113, Note 15, S. 192.

**) Vgl. die von Freund a. a. O. S. 114 angeführten Beispiele.

und für sich zu der Handlung berechtigt war, und die Gesetzwidrigkeit des Befehles nicht sofort in das Auge fiel.«*)

Der Entwurf eines Strafgesetzbuchs für Russland (übersetzt von Gretener) bestimmt in Artikel 40: »Nicht als verbrecherisch gilt die Handlung, welche zur Ausführung eines Gesetzes oder Dienstbefehls begangen wurde, sofern dieser Befehl von der zuständigen Behörde unter Beachtung der hierfür bestehenden Vorschriften erlassen war und nicht offenbar eine verbrecherische Handlung vorschrieb.«

Nach diesen Bestimmungen hat der Untergebene zu prüfen, ob der Vorgesetzte zur Anordnung der betreffenden Handlung zuständig ist, und nach dem russischen Entwurf auch, ob der Befehl in der vorgeschriebenen Form erlassen ist. Findet der Untergebene bei der Prüfung, dass die Handlung in der Zuständigkeit des Vorgesetzten liegt, so ist er auch dem auf eine gesetzwidrige Handlung gehenden Befehl nur dann Gehorsam zu leisten nicht schuldig, — und desshalb eventuell für die Ausführung verantwortlich — wenn der Befehl offenbar eine strafbare Handlung bezweckt. Der Untergebene ist also nicht zu einer Prüfung der materiellen, sondern nur zu einer Prüfung der formellen Gesetzmässigkeit des Befehls berechtigt; ist die formelle Gesetzmässigkeit gegeben, so kann er nicht den Gehorsam weigern, wenn er über die materielle Gesetzmässigkeit in Zweifel ist, sondern nur, wenn die materielle Ungesetzlichkeit klar zu Tage tritt.

2. Das hessische Strafgesetzbuch vom 18. October 1841**) sagt in Artikel 40: »Der blosse Befehl zur Begehung einer strafbaren Handlung macht den Vollbringer nicht straflos. Ist jedoch der Befehl dem Handelnden von seinem Vorgesetzten und in den gehörigen Formen ertheilt gewesen, und ist die befohlene Handlung nur als Missbrauch oder Ueberschreitung der Amtsgewalt oder als Verletzung der Amtspflichten strafbar, so

---

*) Vgl. dazu G. v. Waechter, Das königl. sächs. Strafrecht (Stuttgart 1857) Bd. I. S. 358 ff.

**) Vgl. dazu Breidenbach, Commentar zum hessischen Strafgesetzbuch, Bd. I, S. 545;

ferner auch »Entwurf eines Strafgesetzbuchs für die preussischen Staaten« von 1833 § 76, von 1836 § 88, von 1843 § 92.

Goltdammer, Materialien, Bd. I, S. 376;

ferner das Criminalgesetzbuch für Hannover vom 8. Aug. 1840 § 85.

wird nur der Befehlende und nicht der Gehorchende verantwortlich« . . . ., und das bayerische vom 10. November 1861*) Artikel 71 bestimmt: »Der Befehl zur Begehung einer strafbaren Handlung macht den Thäter nicht straflos. Hat jedoch ein Beamter oder öffentlicher Diener innerhalb seines Geschäftskreises und in der gehörigen Form seinem dienstlichen Untergebenen eine Handlung befohlen, welche nach den bestehenden Gesetzen strafbar ist, und hat letzterer diesen Befehl vollzogen, so ist der Untergebene dann straflos, wenn die Handlung blos einen Missbrauch oder eine Ueberschreitung der Amtsgewalt oder nur eine Verletzung der Amtspflicht des Vorgesetzten enthält. In allen Fällen bleibt derjenige, welcher den Befehl ertheilt hat, strafrechtlich verantwortlich.«

---

*) Vgl. dazu die Ausführungen bei Dollmann-Risch, Das Strafgesetzbuch für das Königreich Bayern vom 10. November 1861. Bd. I. (Erlangen 1868) S. 501 ff.

Vorbild für den Artikel 71 ist der Artikel 122 des bayerischen Strafgesetzbuchs von 1813.

Vgl. dazu Breidenbach, Commentar.

Das bayerische und hannoversche schliessen die Strafe nur aus, wenn die Handlung lediglich als Amtsmissbrauch u. s. w des Vorgesetzten, nicht auch des Untergebenen strafbar ist. Noch enger gestaltet sich die Gehorsamspflicht nach dem württembergischen Strafgesetzbuch vom 1. März 1839: Art. 403; »Haben Staatsbeamte oder öffentliche Behörden ihren untergebenen Beamten, Dienern oder untergeordneten Behörden in Verhältnissen, wo sie zu gehorchen schuldig sind, eine Handlung befohlen, welche blos als Missbrauch der Amtsgewalt, Ueberschreitung der Amtsbefugnisse, oder Verletzung der Amtspflichten strafbar ist, so wird nur der befehlende Theil verantwortlich, sofern der Gehorchende der Vorschrift des § 53 der Verfassungsurkunde nachgekommen ist.«

In dem § 53 ist ausgesprochen, dass die Staatsdiener, wenn sie in Zweifel sind, ob die Stelle, welche ihnen einen Auftrag ertheilt hat, dazu competent sei, darüber bei ihren vorgesetzten Behörden anzufragen haben. »Sowie ihnen auch obliegt, wenn sie bei dem Inhalte einer höheren Verfügung Anstände finden, solche auf geziemende Weise und unter Vermeidung jeder nachtheiligen Verzögerung der verfügenden Stelle vorzutragen, im Fall eines verharrenden Bescheides aber die Verfügung zu befolgen.«

Der Code pénal Belge vom 8./9. Juni 1867 sagt in Artikel 260:

»Lorsqu'un fonctionaire ou officier public, un dépositaire ou agent de la force publique, aura ordonné ou fait quelque acte contraire à une loi ou a une arrêté royal, s'il justifie qu'il a agi par ordre de ses supérieurs, pour des objets du ressort de ceux-ci et sur lesquels il leur était dû une obéissance hiérarchique, il sera exempt de la peine qui ne sera dans ce cas appliquée qu'aux supérieurs qui auront donné l'ordre.«

Vgl. dazu Haus, Principes généraux du droit pénal Belge (3. Aufl. Paris, 1885) T. I S. 460.

Nach diesen Bestimmungen hat der Untergebene einmal die Zuständigkeit des Vorgesetzten zu der Handlung und die Form des Befehls — also die formelle Gesetzmässigkeit — und dann auch die materielle Gesetzmässigkeit zu prüfen, denn er wird für die Ausführung einer strafbaren Handlung principiell verantwortlich; nur dann, wenn diese Handlung lediglich um desswillen strafbar ist, weil sie einen Missbrauch oder eine Ueberschreitung der Amtsgewalt oder eine Verletzung der Amtspflicht enthält, bleibt er straflos.

Der wesentliche Unterschied zwischen den unter 1 und 2 angeführten Bestimmungen ist also der, dass nach den ersteren der Untergebene nur die formelle Gesetzmässigkeit des Befehls zu prüfen hat, während er nach den letzteren auch die materielle Gesetzmässigkeit prüfen muss. Nach den ersteren Bestimmungen bleibt der Untergebene straflos, wenn er einem Befehl Folge leistet, dessen materielle Gesetzmässigkeit ihm zweifelhaft erscheint, nach den letzteren macht er sich in diesem Fall durch Befolgung verantwortlich.

3. Eine dritte Kategorie endlich greift in das staatsrechtliche Gebiet der Frage überhaupt nicht ein. So sagt das italienische Strafgesetzbuch vom 30. Juni 1889 Artikel 49: »Non è punibile colui che ha commesso il fatto per ordine che era obbligato ad esequire, dell' autorità competente.«*)

Hier hat der Untergebene nur die Competenz des Vorgesetzten zu prüfen; ob er auch die materielle Gesetzlichkeit zu prüfen habe, wird nicht entschieden; er bleibt straflos, »wenn er den Befehl auszuführen verpflichtet war.«

Es wurde bereits oben erörtert, dass es dem Untergebenen nicht gestattet sein kann, zu prüfen, ob die gesetzlichen Voraussetzungen für einen Befehl gegeben sind. Verlangt man aber oder berechtigt man ihn zu einer Prüfung der materiellen Gesetzmässigkeit des

*) Vgl. Code pénal Art. 114: » . . . . Si néanmoins (le fonctionnaire public etc.) justifie qu' il a agi par ordre de ses superieurs pour des objets du ressort de ceux ci, sur lesquels il leur était dû obéissance hiérarchique, il sera exempt de la peine . . . . «

ferner die Bestimmung des Allgemeinen Landrechts Th. I. Titel VI § 47: »Wer vermöge seines Standes oder Amtes die Befehle seiner Vorgesetzten ohne Einschränkung zu befolgen verpflichtet ist, von dem kann nicht gefordert werden, dass er einen in Dienstgeschäften ihm geschehenen Auftrag seiner Oberen prüfe.«

Dazu Goltdammer, Die Materialien zum Strafgesetzbuch für die preuss. Staaten Bd. I S. 375 ff u. 415.

Befehls, so giebt man ihm damit das Recht der Prüfung der Voraussetzungen des Befehls.

Aus diesem Grunde halten wir das zuerst angeführte vom sächsischen Strafgesetzbuch und dem russischen Entwurf aufgenommene Princip für richtig, dass der Untergebene nur die formelle Gesetzlichkeit des Befehls zu prüfen habe, nicht aber die materielle.

Ganz richtig verlangt das sächsische Strafgesetzbuch und der russische Entwurf nur eine Prüfung der Zuständigkeit der Vorgesetzten, nicht auch der Zuständigkeit des Untergebenen.

Während wir nämlich vom staatsrechtlichen Standpunkte den Untergebenen, wie oben erörtert, berechtigen müssen, auch seine Zuständigkeit zu prüfen, ist dies vom strafrechtlichen Standpunkt aus um desswillen nicht nothwendig, weil der Untergebene sich für die Rechtsgüterverletznng als solche, die er auf Befehl des zuständigen Vorgesetzten begangen hat, nicht verantwortlich macht, auch wenn dieselbe im Allgemeinen nicht auch in seiner Zuständigkeit gelegen war.

Es fragt sich nun endlich: Ist es erforderlich, neben der Bestimmung, dass der Untergebene die Zuständigkeit des Vorgesetzten — die formelle Gesetzlichkeit — zu prüfen habe, noch zu bemerken, dass er sich — auch wenn diese Zuständigkeit gegeben sei — verantwortlich mache »wenn die Gesetzwidrigkeit des Befehls sofort in die Augen fiel« oder wenn der Befehl »offenbar eine verbrecherische Handlung vorschrieb«*).

Gegen die Nothwendigkeit einer derartigen Bemerkung spricht der Umstand, dass man sich sagen muss: Eine strafbare Handlung kann überhaupt nicht in der formellen Zuständigkeit des Vorgesetzten liegen; geht desshalb der Befehl auf eine strafbare Handlung, so muss der Untergebene sehen, dass die Competenz des Vorgesetzten zu dieser Handlung nicht gegeben sein kann.

Hiegegen kommt nun Folgendes zu erwägen: Es giebt Behörden, die zu Rechtsgüterverletzungen thatsächlich berechtigt sind, z. B. zu Eingriffen in die persönliche Freiheit (Verhaftung), oder in die Vermögensrechte (Beschlagnahme). Die Gesetzlichkeit oder Ungesetzlichkeit hängt bei diesen Verletzungen davon ab, ob die Voraussetzungen, unter welchen das Gesetz die Verletzung zulässt, bezw.

---

*) Sächsisches Strafgesetzbuch § 94.
Russischer Entwurf Artikel 40.

anordnet, vorliegen oder nicht. Sind die gesetzlichen Voraussetzungen gegeben, so sind sie rechtmässig, sind dieselben nicht gegeben, so sind sie rechtswidrig.

Nach dem oben Erörterten darf nun der Untergebene nicht prüfen, ob die gesetzlichen Voraussetzungen — und damit die materielle Gesetzmässigkeit — gegeben sind; in vielen Fällen würde dies ja auch für ihn völlig unmöglich sein. Es liegt deshalb für den Untergebenen, wenn der Vorgesetzte zu derartigen Handlungen — z. B. Verhaftungen — befugt ist, und wenn ausserdem der Befehl noch etwa in der gesetzlichen Form erlassen ist (der Haftbefehl z. B. schriftlich ausgefertigt ist), die Competenz vor, wenn auch thatsächlich im concreten Fall objectiv der Vorgesetzte zu dieser Handlung — weil eben die gesetzlichen Voraussetzungen fehlen — nicht zuständig ist*).

Versteht man also das »zuständig sein« des Vorgesetzten vom objectiven Standpunkt, so braucht man die Bemerkung, dass der Untergebene sich verantwortlich mache, wenn er einem Befehl zu einer offenbar gesetzwidrigen Handlung Folge leistet, nicht hinzuzufügen, weil diese Clausel dann in dem »zuständig sein« schon enthalten ist; versteht man das »zuständig sein« aber vom Standpunkt des Untergebenen, so muss die Bemerkung hinzugefügt werden.

Wenn man nun in ein Strafgesetz überhaupt eine Bestimmung über die Verantwortlichkeit des Untergebenen für auf Befehl ausgeführte strafbare Handlungen aufnimmt, so ist es unseres Erachtens zweckmässiger und richtiger bei dieser Bestimmung, die ja den Zweck verfolgt, den Untergebenen in der Pflichtencollision vor Strafe zu schützen, vom Standpunkte des Untergebenen auszugehen und deshalb die oben angeführte Bemerkung aufzunehmen.

Dabei ist hervorzuheben, dass in der Pflicht des Untergebenen zum Gehorsam die Pflicht enthalten ist, zunächst anzunehmen, dass der Vorgesetzte zu einer concreten Handlung objectiv zuständig sei.

Die gesetzlichen Voraussetzungen zu einer Rechtsgüterverletzung sind nun dann nicht gegeben, wenn der concrete Zweck auf etwas Gesetzwidriges gerichtet ist; es empfiehlt sich deshalb, die Clausel so zu gestalten, dass man die Unverantwortlichkeit des Untergebenen, auch wenn die Zuständigkeit des Vorgesetzten vom Standpunkte

*) Dieser Gedanke ist auch in den oben citirten Urtheilen des Reichsgerichts ausgeführt.

des Untergebenen gegeben ist, dann ausschliesst, wenn dem Untergebenen bekannt war, dass der Vorgesetzte mit der Handlung die Begehung einer strafbaren Handlung bezweckte*).

Unser allgemeines Strafgesetzbuch enthält keine Bestimmungen über die Wirkungen des Befehls hinsichtlich der Verantwortlichkeit des Untergebenen für eine auf Befehl begangene strafbare Handlung. Wir erachten die Aufnahme einer derartigen Bestimmung — ebenso wie z. B. einer Bestimmung über die Straflosigkeit der Hinrichtung durch den Scharfrichter, oder der durch den Arzt vorgenommenen Eingriffe in die körperliche Integrität — zwar nicht für unbedingt nothwendig, wohl aber im Interesse der Sicherheit und Gleichmässigkeit der Rechtsprechung für entschieden zweckmässig.

Eine Bestimmung über die Verantwortlichkeit für auf Befehl begangene strafbare Handlungen dürfte etwa folgendermaassen zu fassen sein:

»Der Befehl zur Begehung einer strafbaren Handlung macht den Thäter nicht straflos.

Hat jedoch ein Beamter innerhalb seiner Zuständigkeit und in der gesetzlichen Form seinem dienstlich Untergebenen die Begehung einer strafbaren Handlung befohlen, und hat der letztere diesen Befehl ausgeführt, so bleibt der Untergebene straflos, wenn ihm zur Zeit der Begehung der Handlung nicht bekannt war oder aus den Umständen bekannt sein musste, dass der Vorgesetzte durch den Befehl die Begehung einer strafbaren Handlung bezweckte.«

Durch eine derartige Bestimmung würden unseres Erachtens der Verantwortlichkeit des Untergebenen für auf Befehl ausgeführte strafbare Handlungen die richtigen Grenzen gezogen sein**).

Der Umstand, dass unserem Strafgesetzbuch eine Bestimmung über die Wirkung des Befehls fehlt, kann, wie oben ausgeführt, den Richter nicht hindern, im concreten Falle den Einfluss, den ein vorliegendes Subordinationsverhältniss äussert, entsprechend zu berücksichtigen.

---

*) Wir ziehen dabei den Ausdruck »bekannt« vor, weil er deutlicher erkennen lässt, dass der Standpunkt des Untergebenen und die für diesen bestehenden Verhältnisse für die Beurtheilung massgebend sein müssen.

**) Ueber die Voraussetzungen zur Verfolgbarkeit des Beamten in Gemässheit des § 11 des Einführungsgesetzes zum Gerichtsverfassungsgesetz vgl Freund a. a. O. S. 386 ff.

Ueber die civilrechtlichen Folgen von Pflichtverletzungen vgl. Freund a. a. O. S. 361 ff. und Laband S. 447 ff.

Abweichend von den allgemeinen Grundsätzen mussten wir ja als Ausnahme anerkennen, dass für den Beamten die Möglichkeit eines auf eine strafbare Handlung gerichteten rechtsverbindlichen Befehles gegeben ist, — diese Thatsache kann vom Strafrichter nicht ignorirt werden, denn es wäre durchaus widersinnig, wenn man den gesetzlich zum Gehorsam Verpflichteten für eine in Befolgung dieser Pflicht ausgeführte Handlung strafrechtlich verantwortlich machen wollte. Der rechtsverbindliche Befehl wirkt für ihn als persönlicher Schuldausschliessungsgrund.

Für den untergebenen Beamten kann aber auch der Irrthum über seine Berechtigung dann Straflosigkeit bewirken, wenn ihm allgemein das Recht zu Verletzungen der vorgenommenen Art zustand; ob dies der Fall, ist Thatfrage.

Hinsichtlich der Qualificirung des Vorgesetzten als Anstifter oder mittelbarer Thäter sind die oben aufgestellten allgemeinen Grundsätze als massgebend zu erachten.

Besonders hervorzuheben ist, dass in Gemässheit des § 357 des Strafgesetzbuches*) die versuchte Anstiftung zu einem Amtsverbrechen als Delictum sui generis mit Strafe bedroht wird.

*) § 357. »Ein Amtsvorgesetzter, welcher seine Untergebenen zu einer strafbaren Handlung im Amte vorsätzlich zu verleiten unternimmt ..., hat die auf diese Handlung angedrohte Strafe verwirkt.«

Zweiter Theil.

# Bedeutung des Befehls im militärischen Dienstverhältniss.

Capitel 7.

## Die Berücksichtigung der Disciplin im Militärstrafrecht.

Am 18. April 1872 fand im deutschen Reichstag die erste Lesung des Entwurfs eines Militärstrafgesetzbuches für das Deutsche Reich statt. Der Bevollmächtigte zum Bundesrath, Präsident Dr. Friedberg, stellte zur Einführung der Vorlage die leitenden Gedanken, von denen bei der Aufstellung des Entwurfs ausgegangen wurde, in ihren Haupt- und Grundzügen dar und bemerkte dabei Folgendes*):

»... Es war der oberste und alle übrigen Rücksichten beherrschende Gedanke: das Militärrecht mit den leitenden Grundsätzen des bürgerlichen Rechtes in Einklang zu bringen, soweit dies irgend thunlich schien. Ich betone ganz ausdrücklich das Wort »thunlich«, weil allerdings überall da, wo von militärischer Seite gesagt wurde, dass die besonderen Bedürfnisse der Disciplin, die Lebensbedingungen, unter denen eine Armee bestehen und in ihrer Thätigkeit erhalten werden kann, eine Gleichstellung mit den Grundsätzen des bürgerlichen Rechtes nicht gestattet, dass da überall von dem Versuche, das Militärrecht dem bürgerlichen Strafrecht zu assimilliren abgestanden wurde.«

Wenn man die Debatten, die damals über den Entwurf des Militärstrafgesetzbuches geführt wurden, verfolgt, so findet man in ihnen zwei Richtungen vertreten, deren Differenzpunkt schon in den Worten Friedbergs »soweit thunlich« Ausdruck gefunden. In wie weit ist es thunlich, das Militärstrafrecht mit den leitenden Grundsätzen des bürgerlichen Rechtes in Einklang zu bringen und in wie weit verbietet die nothwendige Rücksicht auf die Erhaltung der Disciplin diese Assimilirung? So betont die eine Richtung die

*) Stenographische Berichte über die Verhandlungen des deutschen Reichstages. I. Legislaturperiode. III. Session 1872. Bd I S. 93.

Notwendigkeit, dass die für das bürgerliche Strafrecht geltenden Grundsätze auch auf das Militärrecht Anwendung finden müssen, während die andere Richtuug die Nothwendigkeit betont, die Disciplin und die durch sie bedingten Sonderbestimmungen des Militärstrafrechts aufrecht zu erhalten.

Das Resultat der Verhandlungen musste ein Compromiss sein.

Dass die Aufrechthaltung der Disciplin für den Bestand eines kriegstüchtigen Heeres durchaus nothwendig ist, das erscheint Niemandem zweifelhaft, und es ist hier nicht die Stelle, sich über diese Nothwendigkeit des Weiteren auszulassen, lediglich, die Worte eines Militärs, wohl des Berufensten, muss ich hier anführen; sie haben wohl bei mancher Bestimmung des Militärstrafgesetzbuches in der Commission und im Plenum des Reichstages für die Annahme ausschlaggebend gewirkt: Graf Moltke äusserte sich in der zweiten Lesung des Entwurfs folgendermaassen:*)

... »Wenn wir ein Gesetz für die Armee geben wollen, so dürfen wir uns nicht ausschliesslich auf den juristischen oder ärztlichen Standpunkt stellen, wir müssen uns schon auf den militärischen stellen....

... Sie werden zugeben, dass es einer ungemein starken Autorität bedarf, um Tausende von Menschen zu bestimmen, unter den schwierigsten Verhältnissen, unter Leiden und Entbehrungen, Gesundheit und Leben an die Ausführung eines gegebenen Befehles zu setzen....

... Autorität von oben und Gehorsam von unten, mit einem Worte Disciplin ist die ganze Seele der Armee. Die Disciplin macht die Armee erst zu dem, was sie sein soll und eine Armee ohne Disciplin ist auf alle Fälle eine kostspielige, für den Krieg eine nicht ausreichende und im Frieden eine gefahrvolle Institution.«

Je wichtiger nun die Aufrechthaltung der Disciplin für den Bestand eines Heeres erscheint, desto eingehender muss auch das Militärstrafrecht in seinen Bestimmungen auf sie Rücksicht nehmen und ihre Durchführung zu sichern suchen.

Den bürgerlichen Verhältnissen ist die Unterwürfigkeit, wie sie beim Militär zwischen Vorgesetzten und Untergebenen bestehen muss, fremd; auch innerhalb des Beamtenorganismus wird Disciplin im militärischen Sinn allgemein nicht gefordert — sie wird nicht gefordert, weil sie zur Erreichung der jeweils vorliegenden Zwecke

---

*) Stenographische Berichte a. a. O. Bd. II S. 814.

nicht nothwendig erscheint. Lediglich die »mit einer auswärtigen Mission betrauten oder bei einer solchen beschäftigten Beamten« unterliegen hinsichtlich ihrer Gehorsamspflicht gegenüber ihren Vorgesetzten in Gemässheit des § 353a *) einer besonderen Bestimmung des Strafgesetzbuches. Grund dieser Sonderbestimmung ist, dass die genaue Befolgung der vom Vorgesetzten ertheilten Anweisungen im diplomatischen Dienst von ganz besonderer Wichtigkeit erscheint**). Für alle übrigen Beamtenkategorien wird die durch eventuelle Disciplinareinschreitung gewährte Sicherung des Gehorsams für ausreichend erachtet. Diesen Gesichtspunkt vertrat auch der Reichskanzler Fürst von Bismarck bei der Berathung über den Entwurf des § 353a ***), er äusserte sich in folgender Weise:

... »Der Herr Vorredner hat gesagt: es müsse dann überhaupt jedes Amt gleichmässig geschützt werden. (Abgeordneter Dr. Lasker hatte ausgeführt †), dass sich die für diplomatische Beamte vorgeschlagenen Bestimmungen mit demselben Recht als für alle übrigen Beamten nothwendig erachten liessen.) Das ist ein Argument, in dem ich die logische Schärfe, die ihm sonst eigenthümlich ist, nicht wieder finden kann. Die Aemter sind eben verschieden, und Sie haben das Bedürfniss einer strafferen Disciplin einiger doch

---

*) § 353a »Ein Beamter im Dienste des auswärtigen Amtes des Deutschen Reichs, welcher die Amtsverschwiegenheit dadurch verletzt, dass er ihm amtlich anvertraute oder zugängliche Schriftstücke oder eine ihm von seinem Vorgesetzten ertheilte Anweisung oder deren Inhalt Anderen widerrechtlich mittheilt, wird, sofern nicht nach anderen Bestimmungen eine schwerere Strafe verwirkt ist, mit Gefängniss oder mit Geldstrafe bis zu fünftausend Mark bestraft.

Gleiche Strafe trifft einen mit einer auswärtigen Mission betrauten oder bei einer solchen beschäftigten Beamten, welcher den ihm durch seinen Vorgesetzten amtlich ertheilten Anweisungen vorsätzlich zuwiderhandelt, oder welcher in der Absicht, seinen Vorgesetzten in dessen amtlichen Handlungen irrezuleiten, demselben erdichtete oder entstellte Thatsachen berichtet.«

**) H. Meyer, Die Gerechtigkeit im Strafrecht. Gerichtssaal 1881 S. 183

»... das Schwergewicht der hier — bei den Delicten von Beamten des auswärtigen Amtes — in Rede stehenden öffentlichen Interessen ist ein vollwichtiger Grund, die in § 353a aufgeführten über den Kreis blosser Disciplinarvergehen herauszuheben. Ist doch auch z. B im militärischen Dienstverhältniss Manches (wie der Ungehorsam) criminell strafbar, was sich anderwärts nur als Disciplinarvergehen darstellt.«

Vgl. Laband, Staatsrecht des Deutschen Reiches (2. Aufl.) Bd. II S. 9.

***) Stenographische Berichte über die Verhandlungen des Deutschen Reichstages. 2. Legislaturperiode. III. Session. Bd. I S. 402.

†) a. a. O. S. 398.

dadurch anerkannt, dass Sie für die Marine und ausserhalb des Militärs für die Existenz auf Schiffen und für die Autorität des Kapitäns sehr harte Strafen gaben, die vollständig gerechtfertigt sind*). Es fragt sich nun: ist im auswärtigen Dienste die Gefahr für das Gemeinwohl, – nicht für das einzelne Menschenleben, wie auf dem Kauffahrteischiffe, sondern für viele Menschenleben, für den Frieden des gesammten Reiches unter Umständen und für das Entstehen solcher Verhältnisse und Missverständnisse, wie sie unter Umständen schon zu Krieg, Frieden, Allianzen und Bruch von Allianzen führen — ich sage ist da nicht das Bedürfniss einer strengeren Disciplin vorhanden, als in anderen Aemtern? Wenn ein Oberpräsident einmal die Weisung, die er bekommt, nicht ausführt, so mag das mit dem Disciplinarverfahren, wenn dazu Grund vorhanden ist abgemacht sein; die Gefahr für die Provinz wird so gross schwerlich werden, noch geringer wird sie für das Ganze sein.

... Nehmen Sie an, dass jemand eine Instruction bekommt, von der einigermassen wichtige Verhältnisse abhängen, dass er diese Instruction einfach in der Tasche behält, eine Instruction, die er, wenn sie von dem telegraphischen Befehl »in 24 Stunden auszuführen« begleitet ist, sofort und vollständig ausführen muss; unter allerhand Vorwänden bleibt sie aber unausgeführt, und die Wiederkehr des Vertrauens, die Wiederkehr der Sicherung des Friedens bleibt in der Tasche, und die Gerüchte, dass der Frieden nicht gesichert sei, und das Misstrauen steigen. Das sind Verhältnifse, wo ich auch nichts anderes nachweisen kann als einen Ungehorsam, wogegen ich aber unbedingt gesichert sein muss. ...

... Die Disciplinarstrafe ist vollständig unzureichend, namentlich in einem Dienst, in dem sehr wohlhabende und mitunter sehr ehrgeizige Leute sich befinden. Das äusserste Ergebniss einer Disciplinarstrafe ist die Dienstentlassung. Die Dienstentlassung kann Einem unter Umständen vollständig gleichgiltig sein, kann Einen unter Umständen in die Lage bringen, dass er sich in die Rüstung des politischen Märtyrerthums hüllen kann und für seine weiteren Pläne dann einen gewissen Vortheil zieht; kurz, es ist das keine Strafe, die abschreckt. ...«

Wie Fürst Bismarck ausführt, fordert das Interesse, welches der Staat an der unbedingten Vollziehung der Befehle des Vorgesetzten durch die Beamten im diplomatischen Dienst hat, die Bedrohung

*) Vgl. Seemannsordnung vom 27. December 1872 (insbes. §§ 30 u 73).

des Ungehorsams mit Criminalstrafe. Es ist der »Zweck«, der die Sicherung des Gehorsams durch das Strafgesetz verlangt.

Ein Gleiches gilt bezüglich der Disciplin im Militärstrafrecht:

Solange es ein Militärstrafrecht überhaupt giebt, ist der erste und nächste Zweck dieser Sonderbestimmung stets die Erhaltung der Disciplin gewesen. Die nothwendige Rücksichtnahme auf die Erhaltung der Disciplin aber ist es auch, die heute noch die principiellen Verschiedenheiten des Militärstrafrechts vom bürgerlichen Recht bedingt.

So sehen wir, dass der ganze sechste Abschnitt des Militärstrafgesetzbuches (§§ 89—113) sich ausschliesslich mit dem Verhältniss der Disciplin beschäftigt*), indem er Handlungen gegen die Pflichten der militärischen Unterordnung mit Strafe bedroht; die Intensität des Ungehorsams kann eine verschiedene sein, sie steigert sich vom einfachen Nichtbefolgen eines Befehls zur ausdrücklichen Verweigerung des Gehorsams, die wiederum dann die Erhaltung der Disciplin der betreffenden Abtheilung am meisten gefährdet und desshalb mit den höchsten Strafen geahndet werden muss, wenn sie vor versammelter Mannschaft oder unter dem Gewehre geschieht.

Der höchste Grad der Insubordination ist der militärische Aufruhr; wird dieses Verbrechen vor dem Feinde begangen, so tritt gegen sämmtliche Betheiligte die Todesstrafe ein. So wird die Disciplin sogar durch die schwerste Strafe, die unser Strafgesetzbuch kennt, zu schützen gesucht.

Aber nicht allein im besonderen Theil, auch im allgemeinen Theil des Militärstrafgesetzbuches musste das Verhältniss der Disciplin Berücksichtigung finden.

Welchen anderen Zweck verfolgt die dem Militärstrafrecht eigenthümliche Freiheitsstrafe — der Arrest in seinen verschiedenen Abstufungen als »gelinder«, »mittlerer« und »strenger« Arrest — als die Erhaltung der Disciplin? Die mit Arrest bedrohten Delicte sind zumeist Handlungen oder Unterlassungen, deren rechtsverletzender Charakter dem mit den militärischen Verhältnissen weniger Vertrauten nicht immer ganz offensichtlich erscheint.

*) Vgl. auch die Bestimmungen der Disciplinarstrafordnung für das Heer vom 31. Oktober 1872 und der Disciplinarverordnung für die kaiserl. Marine vom 23. November 1872.

Gerade die Disciplinarstrafgewalt ist ein äusserst wirksames Mittel zur Aufrechthaltung der Disciplin. Vgl. Laband a. a. O. Bd II S. 645.

Gerade diese Delicte aber müssen mit einer empfindlichen — und im Interesse der dienstlichen Ausbildung möglichst kurzen — Strafe bedroht sein; die bürgerlichen Freiheitsstrafen würden, wenn sie an Stelle der Arreststrafen verhängt werden sollten, um wirksam zu sein, in viel längerer Dauer verhängt werden müssen als die Arreststrafen. Dass die kurzzeitigen Freiheitsstrafen schon für die mit ihnen bedrohten Delicte des bürgerlichen Strafrechts nicht als wirksam erscheinen, darüber herrscht kein Zweifel. Was ist der Grund ihrer geringen Wirkung? Sicher hauptsächlich der, dass sie in Folge ihrer zu grossen Milde keinen abschreckenden Effekt haben. Die Strafe muss ein »Uebel« sein; als solches können ein Paar Tage Gefängniss oder Haft für eine grosse Anzahl der Delinquirenden nicht wirken.

Insbesondere dem Soldaten, der vom frühen Morgen bis zum späten Abend durch Exercieren, Turnen, Reiten u. s. w. auf das Aeusserste angestrengt wird, dem können drei Tage Haft oder Gefängniss, wo er seine gewöhnliche Menage und seinen gemüthlichen Strohsack hat, wo es keinen »Parademarsch« und keine Gewehrübungen giebt, mehr als eine sehr erwünschte Zeit der Erholung, denn als »Strafe« erscheinen.

Mittlerer oder strenger Arrest dagegen ist auch für den trägen und von Ehrgefühl nicht beseelten Soldaten eine empfindliche Strafe. Für das Militärstrafrecht ist eine derartige wirksame Strafe durchaus nothwendig, denn nur mittels ihrer kann in einer Abtheilung, in der sich neben fleissigen und strebsamen Leuten auch viele widerspenstige und träge Elemente befinden, die Disciplin aufrecht erhalten werden.

Eine weitere Besonderheit des Militärstrafrechts, die auch dem Interesse der Aufrechthaltung der Disciplin zu dienen bestimmt ist, findet sich im § 55: »Auf erhöhte (§ 53) Strafe ist, sofern in diesem Gesetze nicht besondere Bestimmungen getroffen sind, zu erkennen:

(1.) gegen Vorgesetzte, welche gemeinschaftlich mit Untergebenen eine strafbare Handlung ausführen oder sich sonst an einer strafbaren Handlung Untergebener betheiligen.

Mit Recht sagt Koppmann (Commentar zum Militärstrafgesetz für das Deutsche Reich 2. Aufl. S. 224): »Die Ziffer 1 des § 55 geht von dem im Militärstrafrechte durchweg ausgesprochenen Grundgedanken aus, dass ein Vorgesetzter, welcher dem Untergebenen in allen Obliegenheiten des Dienstes sowohl, als in Bezug auf Standesführung zum Vorbild zu dienen und denselben an der Ausführung strafbarer Handlungen zu verhindern hat, sowie gegebenen Falles strafbare Handlungen Untergebener zu melden verpflichtet ist, dann, wenn er mit Untergebenen eine strafbare Handlung gemeinschaftlich ausführt, d h. Mitthäter hiebei ist, oder sich sonst hieran betheiligt (durch Anstiftung oder Beihilfe), wegen der hierin liegenden, ganz besonderen Pflichtverletzung höher zu bestrafen sein müsse als der Untergebene . . .«

Der Vorgesetzte muss dienstlich und ausserdienstlich »über« dem Untergebenen stehen; jede Kameradschaftlichkeit zwischen Vorgesetzten und Untergebenen schadet der Disciplin, insbesondere wird natürlich die Disciplin einer ganzen Abtheilung aufs schwerste gefährdet, wenn ein Vorgesetzter bei der Begehung einer strafbaren Handlung mit seinen Untergebenen gemeinschaftliche Sache macht.

Die aus dem Militärstrafgesetzbuch beispielsweise eben angeführten Bestimmungen mögen ausreichen, um zu zeigen, in welcher Weise die Disciplin im Militärstrafrecht Berücksichtigung gefunden hat, und um darzuthun, dass es gerade die Disciplin ist, welche die wichtigsten Abweichungen des Militärstrafrechts von den Grundsätzen des bürgerlichen Rechtes bedingt.

Wirft man einen Blick auf die Litteratur des Militärstrafrechtes, so findet man recht wenig Schriften, in denen auch nur der Versuch gemacht wird, die Abweichungen des Militärstrafrechts vom bürgerlichen Recht einer Kritik zu unterwerfen und sie auf ihre Berechtigung zu untersuchen. Grund hiefür ist wohl, dass die wenigen Schriftsteller, die sich überhaupt mit Militärstrafrecht beschäftigen, beinahe durchgängig sich in militärrichterlichen Stellungen befinden, durch welchen Umstand sie zu einer begreiflichen Zurückhaltung in ihren Meinungsäusserungen bewogen werden.

Für den »Civiljuristen« ist das Militärstrafrecht zumeist ein nur sehr ungern und immer mit einem gewissen Misstrauen betretenes Gebiet, denn das in dem weitaus grössten Theile des Deutschen Reiches heute noch bestehende geheime Verfahren der Militärgerichte hindert ihn, die Anwendung der Bestimmungen des Militärstrafgesetzbuches zu controlliren und auf diese Weise Einblick in ihre Vor- und Nachtheile zu gewinnen. Die Fassung der Vorschriften des Militärstrafgesetzbuches ist ja zum Theil eine so wenig präcise, dass dem nicht genau »Eingeweihten« manchmal Zweifel kommen müssen, ob es für den Richter immer möglich sein wird, die Absicht des Gesetzgebers zu erkennen und eine Bestimmung dem Willen des Gesetzgebers gemäss auf den concreten Fall anzuwenden.

Es ist das grosse Verdienst Koppmann's*) und Hecker's**), in ihren Werken zuerst die Bestimmungen des Militärstrafgesetzbuches einer wissenschaftlichen und systematischen Untersuchung unterzogen zu haben. Wir haben die feste Ueberzeugung, dass ihre Untersuchungen für die Rechtsprechung der Militärgerichte des ganzen Reiches von den grössten und heilsamsten Folgen gewesen sind.

Die Bestimmungen des Militärstrafrechts enthalten manches sehr Interessante, insbesondere dürfte gerade die Frage, inwieweit die Abweichungen von den Grundsätzen des bürgerlichen Rechtes durch die militärischen Verhältnisse gerechtfertigt sind und bei welchen Vorschriften vielleicht eine grössere Assimilirung möglich wäre, auch dem Civiljuristen nicht ganz bedeutungslos erscheinen. In einer Zeit, in welcher die Jugendkraft unseres Volkes in unserem Heer verkörpert ist, ist es wohl gerechtfertigt, die für dies Heer geltenden Bestimmungen strafrechtlichen Inhalts einer eingehenderen Untersuchung zu unterziehen.

Wir haben oben einer Sonderbestimmung unseres Militärstrafgesetzbuches keiner Erwähnung gethan, die, wie die angeführten Bestimmungen, ihren Entstehungsgrund in der Rücksichtnahme des Gesetzgebers auf die militärische Disciplin hat.

Der § 47 unseres Gesetzbuches sagt: »Wird durch die Ausführung eines Befehls in Dienstsachen ein Strafgesetz verletzt, so ist dafür der befehlende Vorgesetzte allein verantwortlich. Es trifft jedoch den gehorchenden Untergebenen die Strafe des Theilnehmers:

1. wenn er den ihm ertheilten Befehl überschritten hat, oder
2. wenn ihm bekannt gewesen, dass der Befehl des Vorgesetzten eine Handlung betraf, welche ein bürgerliches oder militärisches Verbrechen oder Vergehen bezweckte.«

Der § 47 regelt also die Verantwortlichkeit des Untergebenen für auf Befehl des Vorgesetzten begangene strafbare Handlungen und damit incidenter die Grenzen der Gehorsamspflicht des Soldaten.

Die Frage der Verantwortlichkeit für auf Befehl begangene Handlungen ist naturgemäss für das Militärstrafrecht von besonderer

*) In seinem oben citirten Commentar.

**) In seinem Lehrbuch des Deutschen Militärstrafrechts (Stuttgart 1887).

Wichtigkeit, sie ist aber auch für das bürgerliche Recht nicht ohne Bedeutung und ihre Untersuchung dürfte uns insbesondere dann vielleicht einiges Interessante bieten, wenn wir den Versuch machen, die Grenzen der Gehorsamspflicht in bürgerlichen Verhältnissen, wie sie im ersten Theil allgemein dargestellt wurden, mit den Grenzen der Gehorsamspflicht des Soldaten zu vergleichen, und die jeweiligen Consequenzen für die strafrechtliche Verantwortlichkeit zu ziehen. Wir müssen bei dieser Untersuchung uns dann auch die Frage zu beantworten versuchen, ob der Gesetzgeber in den Bestimmungen des § 47 thatsächlich, wie es sein Bestreben war, das Militärrecht, »soweit thunlich«, mit den leitenden Grundsätzen des bürgerlichen Rechtes in Einklang gebracht hat.

---

Capitel 8.

## Die Gehorsamspflicht des Soldaten nach römischem Recht.

Die Strafe des Ungehorsams ist nach römischem Recht der Tod*). Auch dann wird der Ungehorsam nicht verziehen, wenn die Nichtbefolgung eines gegebenen Befehles im Kriege für den Erfolg nicht nur keinen Nachtheil, sondern Vortheil gebracht hat**).

Es liegt nahe, aus der strengen Ahndung, welche jeder Ungehorsam finden soll, den Schluss zu ziehen, es habe das römische Recht den Soldaten zu unbegrenztem Gehorsam gegenüber allen Befehlen seiner Vorgesetzten, somit auch gegenüber denjenigen Befehlen, welche den Vollzug einer gesetzwidrigen Handlung zum Gegenstand haben, verpflichten wollen, — die meisten Schriftsteller, die dieser Materie Erwähnung thun, insbesondere Hecker, (»Ueber das Verhältniss des Civilstrafrechts zum Militärstrafrecht«. Sammlung der in Goltdammer's »Archiv für Strafrecht« und im »Gerichtssaal«

---

*) L. 6 § 2 D de re militari 49. 16: Contumacia omnis adversus ducem vel praesidem militis capite punienda est.

**) L. 3 § 15 D. h. 1.

Vgl. Jarcke, Handbuch des gemeinen deutschen Strafrechts 1828 Bd II S. 207

Dangelmaier, Die Militärverbrechen und Vergehen nach österreichischem Recht (Innsbruck 1884) S. 44.

Carcani, Dei reati, delle pene e dei giudizi militari presso i Romani (Milano 1874).

erschienenen Abhandlungen des Verfassers. Berlin 1885 S. 57)*) gehen von dieser Ansicht aus.

Sedes materiae für das römische Militärstrafrecht ist der Titel 16 des neunundvierzigsten Buches der Digesten und der Titel 35 des zwölften Buches des Codex; wir finden hier nun wohl die eben angeführten Bestimmungen über die strenge Bestrafung des Ungehorsams, eine Bestimmung über die Grenzen der Gehorsamspflicht des Soldaten und über die strafrechtliche Verantwortlichkeit für auf Befehl ausgeführte gesetzwidrige Handlungen ist jedoch nicht gegeben. Unseres Erachtens kann uns aber der Mangel einer gesetzlichen Vorschrift in dieser Richtung nicht zu dem Schluss berechtigen, es habe der römische Soldat, da der Ungehorsam wider die Befehle seiner Vorgesetzten mit der Todesstrafe bedroht war, auch gegenüber ungesetzlichen Befehlen Gehorsam geschuldet. Im Gegentheil. Da das besondere Recht — das Militärstrafrecht — keine Bestimmungen über die Grenzen der Gehorsamspflicht enthält, muss angenommen werden, dass auch für den Soldaten die Principien des allgemeinen Rechts in dieser Richtung Geltung haben. Natürlich müssen wir dabei Verhältnisse ins Auge fassen, welche hinsichtlich der Gehorsamspflicht den zwischen Vorgesetzten und Untergebenen im Soldatenstande bestehenden Verhältnissen ähnlich sind.

L. 169 D d. R. J. bietet da zunächst den allgemeinen Satz: »Is damnum dat, qui iubet dare; eius vero nulla culpa est, cui parere necesse sit.«**) Wer zum Gehorsam verpflichtet ist, hat für

---

*) Ebenso Hecker, Artikel »Befehl« in Stengels Wörterbuch des Deutschen Verwaltungsrechts S. 146.

Vgl. ferner die in der nächsten Anmerkung Genannten.

Neuerdings auch Dangelmaier in seiner — uns leider erst während der Drucklegung zu Handen gekommenen — Schrift »Geschichte des Militärstrafrechts«. Sonderabdruck aus Bd. LXXIX der »Jahrbücher für die deutsche Armee und Marine«. Berlin 1891. S. 16.

**) Vgl. ferner l. 37 pr. D ad leg. Aquil. 9. 2: haften muss derjenige »qui iussit, si modo ius imperandi habuit, quod si non habuit, cum eo agendum est, qui fecit.«

l. 167 § 1. D. d. R. J.: »qui iussu iudicis aliquid fecit, non videtur dolo malo facere, quia parere necesse est.«

Ueber die citirten Stellen:

Abegg, Untersuchungen aus dem Gebiete der Strafrechtswissenschaft (1830) S. 92.

Luden, Handbuch des Strafrechts (1842) Bd. I S. 310 Anm. 1.

Breidenbach, Commentar zum hessischen Strafgesetzbuch (1842) Bd. I S. 545 ff.

die in Befolgung eines Befehles seines Vorgesetzten — »Vorgesetzter« ganz allgemein genommen — begangene Verletzung nicht zu haften, es trifft vielmehr die Verantwortung für dieselbe allein den, der den Befehl gegeben hat. Man scheint nun aus diesem Satz schliessen zu wollen, dass das römische Recht diejenigen Personen, welche zum Gehorsam gegenüber irgend welchen anderen Personen verpflichtet sind, allgemein von der Verantwortlichkeit für auf Befehl begangene strafbare Handlungen habe befreien wollen, und dass diese zum Gehorsam verpflichteten Personen, weil sie von der Verantwortung befreit seien, auch dem auf Begehung einer strafbaren Handlung gerichteten Befehl hätten Folge leisten müssen.

Dieser Schluss stellt sich als unrichtig dar, sobald man concrete Subordinationsverhältnisse und die für dieselben geltenden gesetzlichen Bestimmungen näher ins Auge fasst.

Das römische Recht berücksichtigt insbesondere zwei Subordinationsverhältnisse:

Das Verhältniss zwischen dem »pater familias« und den der »patria potestas« Unterworfenen und das Verhältniss des »dominus« zum »servus«.

Die Gehorsamspflicht des »filius familias« und die des »servus« wird vom Recht ziemlich gleichmässig geordnet; wir finden da zunächst wieder einen allgemeinen Satz: 1 4 D d. R. J.: »Velle non creditur, qui obsequitur imperio patris vel domini«*). Dieser Satz scheint allerdings an sich einen directen Beweis dafür zu erbringen, dass der römische Haussohn und der Sklave zu unbegrenztem Gehorsam gegenüber dem Gewalthaber verpflichtet gewesen sei, sagt er ja doch ausdrücklich, dass, wer dem Befehl seines Vaters oder seines Herrn gehorche, überhaupt keinen eigenen Willen habe, dass er vielmehr lediglich Instrument in der Hand des Befehlsgebers sei. Logische Consequenz dieses Satzes ist — und in 1 169 D d. R. J. ist dieselbe auch gezogen — dass, wenn der Sohn dem Vater, der

---

Zachariae, Zur Lehre von der Theilnahme am Verbrechen im Archiv des Criminalrechts 1850 S. 276.

Köstlin, System des deutschen Strafrechts (1855) Bd. I S 11 Anm. 8 u. 9.

Geib, Lehrbuch des Strafrechts Bd. II (1862) S. 219.

Langenbeck, Die Lehre von der Theilnahme am Verbrechen (1868) S. 150 Anm. 7.

Schütze, Lehrbuch des deutschen Strafrechts (1874) S. 107 Anm. 7.

*) Vgl. über diese Stelle auch Kleinschrod, Grundbegriffe und Grundwahrheiten des Peinlichen Rechts (1794) S. 233 f.

Sklave dem Herrn absoluten Gehorsam schuldet, nachdem Sohn und Sklave gegenüber dem Vater bezw. Herrn keinen eigenen Willen haben, der Befehlsgeber die Verantwortlichkeit für die befehlsgemäss ausgeführte Handlung allein tragen muss, während der Gehorchende durch den Befehl vor Strafe für die ausgeführte Handlung gesichert ist.

Diese Straflosigkeit tritt nun aber nach positiven Bestimmungen durchaus nicht überall ein.

L 157 pr. D d. R. J. stellt hier ein ganz festes Princip auf: »Ad ea, quae non habent atrocitatem facinoris vel sceleris ignoscitur servis, si vel dominis, vel his, qui vice dominorum sunt, veluti tutoribus et curatoribus obtemperaverint.« Der Sklave bleibt mithin nur für solche auf Befehl begangene Handlungen straflos »quae non habent atrocitatem facinoris vel sceleris«. Was sind das nun für Handlungen? Man sollte meinen, dass der Gesetzgeber in l 157 eine gesetzliche Eintheilung der strafbaren Handlungen nach ihrer Schwere (Strafbarkeit) im Auge hätte; eine solche gesetzliche Eintheilung lässt sich jedoch im römischen Recht nicht nachweisen*). Immerhin wird man annehmen können, dass der gemeine Sprachgebrauch unter »facinus vel scelus« mit höherer Strafe bedrohte, schwere Criminalvergehen verstand, und dass von diesen leichtere Vergehen und Uebertretungen geschieden wurden. Derartige Vergehen »quae habent atrocitatem facinoris vel sceleris« sind z. B. Mord und die als »furtum« bezeichneten Vermögensdelicte, wie sich

*) Rein, Das Criminalrecht der Römer (Leipzig 1844) bestreitet zwar S. 113 das Bestehen eines technischen Unterschiedes zwischen »Crimen atrox« (auch »grave« und »maius« genannt) und »crimen leve«, gibt dann aber bei Besprechung der l 157 S. 192 doch zu, dass man zwischen »leichten« und »schweren« Vergehen unterscheiden müsse.

Birnbaum, Unterschied zwischen Crimen und Delictum bei den Römern. Neues Archiv des Criminalrechts Bd. VIII S. 396 ff. meint, dass man »in früherer Zeit« für die Verbrechen, worüber ein iudicium publicum oder etwas ihm ähnliches bestand, und die man später »crimina« nannte, die Ausdrücke »scelus«, »flagitium« und wenn man mehr das Materielle der That bezeichnen wollte, »facinus« gebrauchte.

Vgl. ferner Rosshirt, Geschichte und System des deutschen Strafrechts Bd. I S. 193.

Heumann, Handlexikon zum Corpus Juris. V. »scelus« S. 493 »facinus« S. 207, »offensa« S. 381.

Luden, Handbuch des Strafrechts Bd. I S. 184.

Luden, Abhandlungen Bd. II S. 149.

Heffter, Lehrbuch des Strafrechts § 34 Note 2.

Geib, Lehrbuch des Strafrechts Bd. II S. 180.

aus l 20 D de obl. et act. 44. 7 ergibt; »Servus non in omnibus rebus sine poena domino dicto audiens esse solet, sicuti si dominus hominem occidere, aut furtum alicui facere servum iussisset«*).

Aber, wenn bei derartigen schweren Vergehen auch nicht Straflosigkeit eintritt, so hat doch auch hier der Umstand, dass der Sklave auf Befehl seines Herrn thätig wurde, eine strafrechtliche Bedeutung; es tritt nemlich in solchen Fällen, wie sich aus c. 2. C. de sepulcr. viol. IX. 19. ergibt eine Strafmilderung ein: »Si servus in demoliendis sepulcris fuerit apprehensus, si id sine scientia domini faciat, metallo addicatur, si vero domini auctoritate vel iussione urgetur, relegatione plectatur«**).

Die strafrechtliche Verantvortlichkeit des Sklaven für auf Befehl seines Herrn begangene strafbare Handlungen gestaltet sich somit folgendermassen:

Wenn der Sklave auf Befehl seines Herrn eine Handlung begeht, quae non habet atrocitatem facinoris vel sceleris, so wird er für dieselbe überhaupt strafrechtlich nicht verantwortlich gemacht, bei schweren Vergehen dagegen wird er zwar für die auf Befehl ausgeführte strafbare Handlung gestraft, es wirkt jedoch der Befehl strafmildernd.

Aus diesem Princip der strafrechtlichen Verantwortlichkeit lassen sich nun auch die Grenzen der Gehorsamspflicht des Sklaven ableiten: Der Sklave schuldet an sich seinem Herrn unbedingten und unbegrenzten Gehorsam, er hat ihm gegenüber keinen Willen, (»velle non creditur«); diese Gehorsamspflicht hat aber eine bestimmte Grenze, denn es wäre ein jeder Gerechtigkeit hohnsprechendes Gesetz, das auf der einen Seite Gehorsam gegenüber einem Befehl, der eine strafbare Handlung zum Gegenstand hat, verlangen, auf der anderen

*) Vgl. ferner l 8 pr. C. ad leg. Jul. de vi 9. 12, l. 20 D d. o. et a. 44. 7. l 167 u. 169 D d. R. J. l. 7 § 4 D d. iurisdict. 2. 4. l 4 pr. D de aq. et aq. pluv. arc. 39. 3.

Caball, Resolutiones criminales (Frankfurt 1613) cas. 132 n. 7 ff.

Matthaeus, Commentarius ad lib. XLVII et XLVIII Dig. de Criminibus (Edit. Quarta, Wesel 1702) lib. 48 tit. 18 cap. 4 Note 14 S. 797.

Carpzov, Practica nova Rerum Criminalium (Leipzig 1709) P. I Q. IV § 7: »Neque mandatum Domini regulariter servum in delictis excusat.«

**) Vgl. l 7 § 3 D ad leg. Aquil IX. 2. l 37 D eodem. l 17 § 7 D de injur. et famos. lib. 47. 10: » . . . sed si proponatur servus manumissus, placet Labeoni dandam in eum actionem, quia et noxa caput sequitur, nec in omnia servus domino parere debet.«

Seite dann den Gehorsamen für den Vollzug des Befehls strafen würde. Logischerweise müssen deshalb Gehorsamspflicht und strafrechtliche Verantwortlichkeit in dem Wechselverhältniss zu einander stehen, dass die Gehorsamspflicht da aufhört, wo die strafrechtliche Verantwortlichkeit für die auf Befehl ausgeführte Handlung beginnt.

Der römische Sklave schuldete somit unseres Erachtens seinem Herrn mit der Begrenzung Gehorsam, dass er gegenüber Befehlen, die die Begehung eines schweren Vergehens bedingt hätten, zur Weigerung des Gehorsams berechtigt war.

Das angeführte Princip liess sich nur hinsichtlich der Gehorsamspflicht des Sklaven aus gesetzlichen Bestimmungen nachweisen; es unterliegt aber für uns keinem Zweifel, dass das römische Recht in keinem anderen Unterwürfigkeitsverhältniss, insbesondere nicht in dem Verhältniss zwischen dem pater familias und dem der patria potestas Unterworfenen, eine weiter gehende Gehorsamspflicht constituirt hat*).

Es liegt nun aber auch kein zwingender Grund vor, welcher uns zu der Annahme veranlassen könnte, dass der römische Soldat zu einer ausgedehnteren Gehorsamspflicht verbunden gewesen wäre, als der römische Sklave; eine solche Annahme würde vielmehr der hohen Auffassung der Römer über das Kriegswesen und der ehrenvollen Stellung, welche der Soldat im Recht geniesst, vollkommen widersprechen. Ebenso wenig wie der Sklave kann auch der freie römische Bürger als Soldat ein willenloses Instrument in der Hand seiner Vorgesetzten sein.

Unseres Erachtens ist also das für den römischen Soldaten geltende Princip der Gehorsamspflicht folgendes: Er schuldet den

---

*) Rein, a. a. O. S. 191 ff. meint, dass wenn derjenige, welcher auf Befehl eines Dritten ein Verbrechen beging, in abhängigem Verhältniss zu diesem stand, »so dass er den Gehorsam nicht verweigern konnte«, der Befehlende allein strafbar war. Bei Sklaven und Haussöhnen constatirt er jedoch eine Ausnahme: »diese durften nicht unbedingt den Befehlen des Herrn oder Vaters gehorchen und bei vielen, vorzüglich bei den schwereren Vergehen, waren beide strafbar, der Befehlende und der Gehorchende, denn der Letztere hätte seiner innern Stimme folgen und bedenken sollen, dass der Wille des Herrn oder Vaters etwas Unrechtmässiges verlangte.« Wie oben erörtert, schuldet der Sklave nicht absoluten Gehorsam; das Verhältniss des Sklaven zum Herrn ist aber doch gewiss das strengste Unterwürfigkeitsverhältniss, das man sich denken kann. Dass es, wie Rein annimmt, Unterwürfigkeitsverhältnisse geben sollte, in denen eine noch weiter gehende Gehorsamspflicht bestünde, scheint nicht denkbar.

Befehlen des Vorgesetzten Gehorsam, insoweit als diese nicht die Begehung eines schwereren Vergehens bedingen; in letzterem Fall ist er zur Gehorsamsverweigerung berechtigt und verpflichtet. Die sich hieraus ergebende strafrechtliche Bedeutung des Befehls ist: Der Untergebene, der auf Befehl seines Vorgesetzten eine strafbare Handlung begeht, quae non habet atrocitatem facinoris vel sceleris, ist für dieselbe strafrechtlich nicht verantwortlich; der Vorgesetzte, der den Befehl gegeben, hat dieselbe allein zu verantworten.

Begeht dagegen der Untergebene auf Befehl eine strafbare Handlung, quae habet atrocitatem facinoris vel sceleris, so ist er für dieselbe mit verantwortlich. Der Umstand, dass er die Handlung auf Befehl des Vorgesetzten begangen, wirkt jedoch strafmildernd.

Hinsichtlich der Qualificirung des Vorgesetzten und des Untergebenen als Theilnehmer bezw. Thäter ist zu bemerken, dass das römische Recht allgemeine Grundsätze über Theilnahme nicht aufgestellt hat, sondern dass lediglich bei den einzelnen concreten strafbaren Handlungen das Verhältniss des Theilnehmers zur That erörtert wird; gemeiniglich wird der Theilnehmer gleich dem Thäter gestraft*).

Der einem Befehl gehorchende Untergebene ist stets »Thäter«, wenn er im concreten Fall zu gehorchen nicht verpflichtet war; der Vorgesetzte ist als »Anstifter« zu bestrafen. Lag jedoch die Befolgung des Befehls innerhalb der Gehorsamspflicht des Untergebenen, dann gilt für ihn der Satz der l 4 D d. R. J.: »Velle non creditur« — er hat keinen Willen, er handelt nicht, er ist nur Instrument in der Hand des Vorgesetzten; der Vorgesetzte ist »Thäter«**).

---

Capitel 9.

## Das mittelalterlich deutsche Recht.

Das Princip des römischen Rechtes über die Gehorsamspflicht hat in den Volksrechten der germanischen Stämme keine Aufnahme gefunden; wo sich überhaupt eine Bestimmung, welche auf die

*) Vgl. Langenbeck, Die Lehre von der Theilnahme am Verbrechen, insbes. S. 173.

**) Vgl. auch v. Haynau, De auctore delicti, quem vocant intellectualem. (Marburg 1857) S. 32.

Gehorsamspflicht Bezug hat, auffinden liess, sehen wir das dem römischen Recht fremde Princip des absoluten Gehorsams und damit das Princip des Ausschlusses der Verantwortlichkeit des in einem Unterwürfigkeitsverhältniss Stehenden für die auf Befehl des Gewalthabers begangene strafbare Handlung vertreten*).

Das Princip ist am ausdrücklichsten in der Lex Baiuvariorum ausgesprochen; L. II § 8 besagt hier: »Si quis hominem per iussionem regis vel ducis sui, qui illam provinciam in potestate habet, occiderit, non requiratur ei, nec faidosus sit, quia iussio domini sui fuit, et non potuit contradicere iussionem, sed dux defendat eum et filios eius pro eo: et si dux ille mortuus fuerit, alius dux, qui in loco eius accedit, defendat eum«**).

Nach diesem Satz bildet der Befehl des Königs oder Feldherrn direct für den gehorchenden Untergebenen einen Strafausschliessungsgrund. Die strafausschliessende Wirkung des Befehls setzt aber, wie oben bemerkt, die Gehorsamspflicht in Bezug auf die betreffende strafbare Handlung voraus: der Untergebene konnte dem Befehl nicht ungehorsam sein — non potuit contradicere iussionem — und da ein solcher Befehl vorlag — quia iussio domini sui fuit — ein Befehl, dem er als von seinem Herrn erteilt zu gehorchen gezwungen war, muss er straflos bleiben: non requiratur ei nec faidosus sit. Die Verantwortlichkeit für die in Befolgung des Befehls ausgeführte Handlung geht auf den Befehlsgeber über; ja es obliegt sogar diesem ausdrücklich die Pflicht, den Untergebenen gegen eine Verfolgung wegen der auf seinen Befehl ausgeführten That zu schützen und diese Pflicht ist auf seine Nachfolger vererblich: »dux defendat

---

*) Vgl. insbesondere Wilda, Das Strafrecht der Germanen (Halle 1842) S. 632 f.

Osenbrüggen, Strafrecht der Langobarden (Schaffhausen 1863) S. 44 f.

**) Vergl. Edictus Rothari (bei Bluhme, Edictus ceteraeque Langobardorum leges Hannover 1869). Cap. 2.: »Si quis cum rege de morte alterius consiliaverit, aut hominem per ipsius iussionem occiderit, in nullo sit culpabilis, nec ille nec heredes eius . . . . requisitionem aut molestia patiatur; quia postquam corda regum in manum dei credimus esse, non est possibile, ut homo possit eduniare quem rex occidere iusserit.«

Cap. 241.: Si servus extra iussionem domini sui ticlatura aut snaida fecerit in silua alterius, manus ei incidatur. Et si cum iussione domini sui fecerit, domini repotetur culpa . . .«

Vgl. cap. 238., 249 u. 250 a. a. O. ferner

Liutprandi Leges (a. a. O.) cap. 21. u. 35.

Leges Ahistulfi (a. a. O.) cap. 15.

eum ... et si dux ille mortuus fuerit, alius dux qui in loco eius accedit, defendat eum«. Die Bestimmung des § 8 der Lex Baiuvariorum finden wir mit ähnlichem Wortlaut in der Capitulariensammlung des Benedictus Levita V. 367: »Si quis iussione regis vel ducis illius, qui ipsam provinciam regit, hominem occiderit, non requiratur ei nec propterea faidosus sit, quia lex et iussio dominica occidit eum et ipse non potuit contradicere. Princeps vero et successores eius defendant eum et totam progeniem eius, ne ob hoc pereat aut malum patiatur.«

Wahrhaft plastisch tritt hier die Macht des Befehls zu Tage in den Worten »lex et iussio dominica occidit eum«; der Untergebene ist lediglich willensunfähiges Instrument in der Hand des Befehlsgebers. Weil aber der Untergebene zum absoluten Gehorsam verpflichtet ist, weil er, nur dieser heiligen Pflicht gehorchend, die That begangen, so darf auch weder ihm noch seinen Nachkommen aus der Handlung Nachtheil erwachsen, »princeps vero et successores eius defendant eum et totam progeniem eius, ne ob hoc pereat aut malum patiatur«; fürwahr es liesse sich die Gehorsamspflicht des Unterthanen auf der einen Seite und die aus derselben folgende Verantwortlichkeit und Schutzpflicht des Herrn auf der andern nicht ausdrucksvoller darstellen, als es in den angeführten Sätzen der Capitularien geschehen.

Hatten die obigen Bestimmungen der Lex Baiuvariorum und der Capitularien auf den Gehorsam des Unterthanen überhaupt — und damit, dem Princip der allgemeinen Wehrpflicht entsprechend, auf den zum Schutz des Vaterlandes die Waffe tragenden Mann, den Soldaten, insbesondere Bezug, so findet sich in der Lex Frisionum ein Satz, der die absolute Gehorsamspflicht des Sklaven gegenüber seinem Herrn ausspricht; § 13 des Gesetzes sagt:

»Si servus nobilem seu liberum aut litum, nesciente domino occiderit, dominus eius cuiuscunque conditionis fuerit homo, qui occisus est, iuret, hoc se non iussisse et mulctam eius pro servo, bis simplum componat. Aut si servus hoc se iussu domini sui fecisse dixerit, et dominus non negaverit, solvat eum, sicut manu sua occidisset, sive nobilis, sive liber, sive litus sit.«

Der Ausdruck »sicut manu sua occidisset« lässt erkennen, dass der Sklave dem Herrn zu unbedingtem Gehorsam verpflichtet ist: der Sklave ist lediglich Instrument in der Hand des Herrn.

Ebenso wie die Lex Frisionum stellt auch die Lex Saxonum in Titel XI § 1 die Verantwortlichkeit des Herrn für die auf seinen

Befehl von einem Sklaven ausgeführten strafbaren Verletzungen dar: »Quidquid servus aut litus iubente domino perpetraverit, dominus emendet«, und die Lex Angliorum et Werinorum sagt in Titel XVI ähnlich: »Omne damnum, quod servus fecerit, dominus emendet.«*) Die Zustimmung des Herrn zu dem Verbrechen seines Sklaven ist nach Edict. Liutprand Cap. 21 hinsichtlich der Verantwortlichkeit dem directen Befehl im Wesentlichen gleichgestellt: »Si servus cum voluntate domini sui hominem liberum occiderit, tunc ipse dominus omnes res suas amittat.« Ja sogar dann, wenn ein Unfreier überhaupt nur in Gegenwart seines Herrn oder in Begleitung und in Gemeinschaft mit Freien eine strafbare Handlung begangen hat, gilt der Unfreie lediglich als willenloses Werkzeug in der Hand seines Herrn oder der anderen anwesenden freien Männer; er selber bleibt von jeder strafrechtlichen Verantwortlichkeit frei; diese haben die mitanwesenden Freien zu tragen.**)

Eine Bestimmung über die Gehorsamspflicht des Haussohnes gegenüber dem Vater liess sich nicht auffinden;***) es genügen aber die angeführten Sätze, um erkennen zu lassen, dass der Gehorsamspflicht nach germanischem Volksrecht im Allgemeinen ein Princip zu Grunde liegt, das dem römischen Recht fremd ist — das Princip des absoluten Gehorsams.

---

*) Vgl. Osenbrüggen a. a. O. S. 44.

John, Das Strafrecht in Norddeutschland zur Zeit der Rechtsbücher (1858) S. 231 ff.

Edictus Rothari Cap. 238. 241.

(Seeländisches Recht König Waldemar's L. III. 12. p. 588: »Was man seinen Sklaven befiehlt oder räth, jemand entweder zu schlagen oder zu wunden, oder sonst eine Gewaltthat zu begehen, oder jemand zu binden, oder etwas dergleichen, da büsse er es ebenso als hätte er es selbst gethan.«)

Leges provinciales terrae Scaniae latine redditae per Andream Sunonis archiepiscopum Lundensem (1540) L. V. 7.

Langenbeck a. a. O. S. 119.

**) Vgl. § 357 des deutschen Strafgesetzbuches: »Ein Amtsvorgesetzter, welcher seine Untergebenen zu einer strafbaren Handlung vorsätzlich verleitet oder zu verleiten unternimmt, oder eine solche strafbare Handlung wissentlich geschehen lässt, hat die auf diese strafbare Handlung angedrohte Strafe verwirkt.

Dieselbe Bestimmung findet auf einen Beamten Anwendung, welchem eine Aufsicht oder Controle über die Amtsgeschäfte eines andern Beamten übertragen ist, sofern die von diesem letzteren Beamten begangene strafbare Handlung die zur Aufsicht oder Controle gehörenden Geschäfte betrifft.«

***) Ueber die Gehorsamspflicht der Frau gegenüber ihrem Ehemanne vgl. Wilda a. a. O. S. 634.

Die strafrechtliche Bedeutung dieses Princips ist, wie oben ausgeführt, die, dass der Gehorchende für die auf Befehl begangene strafbare Handlung nicht verantwortlich gemacht werden kann, sondern dass der Befehlsgeber in allen Fällen die Verantwortung allein zu tragen hat; er ist also stets als »Thäter« zu strafen, da der zum unbedingten Gehorsam Verpflichtete lediglich als willenloses Werkzeug in seiner Hand erscheint.

---

## Capitel 10.

# Das canonische Recht.

C. 13 C. 23 qu. 5 sagt: »Miles, quum obediens potestati, sub qua legitime constitutus est, hominem occidit, nulla civitatis suae lege reus est homicidii: imo nisi fecerit reus est imperii deserti atque contempti. Quod si sua sponte atque auctoritate fecisset, in crimen effusi humani sanguinis incidisset. Itaque unde punitur, si fecerit iniussus, inde punietur, nisi fecerit iussus.«*) Nach diesem Satz bewirkt allerdings der Befehl zur Tödtung für den ausführenden Soldaten Straflosigkeit und nach der nothwendigen Wechselbeziehung zwischen Verantwortlichkeit und Gehorsamspflicht könnte man geneigt sein, aus der Stelle den Schluss zu ziehen, es habe das canonische Recht für den Soldaten das Princip des absoluten Gehorsams anerkannt. Unserer Ansicht nach wäre dieser Schluss jedoch nicht gerechtfertigt; es widerspricht der Annahme einer Verpflichtung zum Gehorsam einem als rechtswidrig erkannten Befehl gegenüber direct c. 92 C. XI qu. 3: »Non semper malum est, non obedire praecepto, cum enim dominus iubet ea, quae sunt contraria Deo, tunc ei obediendum non est.«**)

---

*) St. Augustin de Civ. Dei l. 4 c. XXVI.

Vgl. c. 23 qu. 5 cap. 41 pr. et § 1: »cum homo iuste occiditur, lex eum occidit, non tu.«

Henke, Handbuch des Criminalrechts und der Criminalpolitik Bd. I S. 241.

Luden, Handbuch des Strafrechts S. 310 Anm. 1.

Feuerbach, Lehrbuch des Peinlichen Rechts (herausgegeben von Mittermaier) S. 181 Note IV.

Schütze, Lehrbuch des Strafrechts S. 107 Anm. 6.

**) Abegg, Untersuchungen aus dem Gebiete der Strafrechtswissenschaft. S. 92 Anm.

Auch abgesehen von diesem Satz würde eine Vorschrift, welche verlangte, dass ein Mensch verpflichtet sei, auf Befehl seines Vorgesetzten eine Sünde zu begehen, mit den Grundprincipien des canonischen Rechts in Widerspruch stehen; so sagt z. B. c. 94 l. c.: »Julianus imperator, quamvis esset apostata, habuit tamen sub se Christianos milites, quibus quum dicebat, producite aciem pro defensione rei publicae, obediebant ei. Quum autem diceret eis, producite arma in Christianos, tunc cognoscebant imperatorem coeli.« und ebenso c. 97 l. c.: »Qui resistit potestati Dei ordinationi resistit. Sed quid, si illud iubeat, quod non debeas facere? Hic sane contemne potestatem, timendo potestatem. Ipsos humanarum legum gradus advertite. Si aliquid iusserit curator, nonne faciendum est? Tamen, si contra proconsul iubeat, non utique contemnis potestatem, sed eligis maiori servire. Ne hinc debet minor irasci, si maior praelata est. Rursus si aliquid ipse proconsul iubeat, et aliud imperator, numquid dubitatur illo contemto illi esse serviendum? Ergo si aliud imperator et aliud Deus, quid iudicatis?« *)

Ueber allen Befehlen steht der Befehl Gottes, der die Sünde zu meiden befiehlt; enthält also der Befehl eines Menschen etwas Sündliches, so widerspricht er dem höheren Befehl Gottes und seine bindende Kraft wird durch diesen aufgehoben; so sagt c. 93 l. c.: »Si dominus ea iubet, quae non sunt adversa scripturis sanctis subiiciatur servus domino. Si vero contraria praecipit, magis obediat spiritus quam corporis domino. Si bonum est, quod praecipit imperator et praeses, iubentis obsequere voluntati; si vero malum, responde ei illud de Actibus apostolorum: Obedire oportet Deo magis quam hominibus. Hoc ipsum et de servis intelligamus apud dominos, et de uxoribus apud viros et de filiis apud parentes, quod in illis tantum debeant dominis, viris parentibus esse subiecti, quae contra Dei mandata non veniunt.«

Das allgemeine Princip des canonischen Rechtes ist somit: Die Gehorsamspflicht geht nur soweit als nichts **Sündhaftes** befohlen wird. Dieser Satz hat unseres Erachtens auf die Gehorsamspflicht des Soldaten Anwendung, und auch c. 13 C. 23 qu. 5 widerspricht dem nicht, denn die Straflosigkeit des Untergebenen, von der die Stelle spricht, die hier bei auf Befehl des Vorgesetzten aus-

*) Vgl. ferner c. 95, 96, 99, 101 l. c.

Ferner Apostelgeschichte Cap. 4. 19, Cap. 5. 29: »Man muss Gott mehr gehorchen, denn den Menschen.«

geführten Tödtungen eintritt, ist nur auf die Tödtungen des Feindes im Kriege zu beziehen — es geht dies aus den Worten »reus est imperii deserti atque contemti« hervor; eine Pflicht zum absoluten Gehorsam constatirt c. 13 nicht.

Der Soldat wird deshalb durch den Befehl des Vorgesetzten nicht von der Verantwortlichkeit für die auf Befehl ausgeführte strafbare Handlung befreit.

---

Capitel 11.

## Die Artikelsbriefe.

Seit dem zwölften Jahrhundert sind die rechtlichen Verhältnisse der Heere in den einzelnen deutschen Landestheilen durch besondere Verordnungen, die von den Fürsten oder Oberfeldherrn erlassen werden, geordnet. Diese Verordnungen — meist »Articulsbriefe« genannt — enthalten gewöhnlich zu Beginn den von den Soldaten bei ihrem Dienstantritt zu leistenden Fahneneid und sodann Bestimmungen über die Pflicht zum Gehorsam gegenüber den Vorgesetzten, über die Bestrafung des Ungehorsams und anderer Vergehungen u. s. w.

Das älteste uns erhaltene derartige Militärstrafgesetz ist das »Heergesetz Kaiser Friedrich I« vom Jahre 1158*); im Jahre 1486 erliess Kaiser Friedrich III. eine »Heersordnung wider die Türken«, im Jahre 1508 Maximilian I. einen Artikelsbrief für seine »Kriegsvölker«. Der Fahneneid, den die Soldaten nach diesem Artikelsbrief zu schwören haben, enthält folgende Stellen**):

»Fürnemlich sollen sie schweeren, dass sie allen Schaden und Nachtheil der Keyserlichen Majestät verhüten und abhalten, dahingegen allen Vortheil und Nutzen deroselben befördern wollen.

Zum andern sollen sie schweeren, dass sie an statt und im Namen dero Keyserlichen Majestät dem namhaften Fürsten . . . als ihrem fürnehmsten Commissario und Heerführer zu Gebote und

---

*) Vgl. Giesebrecht, Geschichte der deutschen Kaiserzeit, Braunschweig 1880, Bd. VI. S. 154.

Elsner, Jahresbericht über das kgl. St. Mathias-Gymnasium zu Breslau 1882.

Hecker, Civil- und Militärstrafrecht, S. 3 Anm. 4.

**) Die Artikelsbriefe sind abgedruckt im Corpus Juris militaris, Frankfurt a. M. 1709, und in J. C. Lüning, Corpus juris militaris, Leipzig 1723.

Dienste leben, ihme in allen Dingen Gehorsam leisten, und in keinerley wege gegen ihn sich weiger- und widersetzlich erzeigen wollen, es sey entweder da man in Schlachtordnung an den Feind gehen und mit demselben treffen wie auch Mauern anlauffen oder bestürmen, oder da man die Wacht verrichten oder sonst im Lager also, wie sichs gebühret bleiben solle: nemlich dass in allen denen Dingen sie ihren Gehorsam also erweisen wollen, als wie es geziemend und billig ist, dass redliche und rechtschaffene Soldaten erweisen sollen.

Zum vierdten sollen sie schweeren, dass sie denen geringeren Kriegsbeamten oder Hauptleuten, Fähnrichen und Führern gehorsam seyn wollen in wahrzunehmenden und abzuwartenden Wachten, in Zügen, in Lägern keines ausgenommen, was ichtwan zum Kriegswesen und zu dessen Ehrenrümlicher Einrichtung gehören möchte, obgleich auch ein Hauptmann, ein Fähnrich, ein des Fähnrichs in der Schlacht Vorgänger, oder ein Führer oder sonst ein anderer im geringeren oder grösseren Ampt in Soldaten-Stand befindlicher, welcher eben nicht Dienste unter ihrem Fähnlein hat, ichtwas heissen oder gebieten würde, sollen sie demselben gehorsamen, gerade also, als ob er ihr selbst eigener Hauptmann, Fähnrich und Führer sey«*).

Der Artikelsbrief Maximilian I. wurde von Maximilian II. revidirt und im Jahre 1570 neu herausgegeben und zwar in zwei Theilen, der eine für die Infanterie als »Artikel auf die Teutsche Knechte«, der andere für die Cavallerie als »Erneute gemeine deutsche Reuterbestallung.« Ersterer Artikel beginnt, wie die Verordnung Maximilian I. mit dem von dem Soldaten zu leistenden Eid: »Anfänglich sollen die Teutsche Knechte Uns dem Römischen Kayser und dem Heiligen Reiche geloben und schweeren, Unserm Obersten-Lieutenant, item ihren Obersten u. s. w. wider und gegen den Feind gehorsam zu seyn, was sie mit ihm schaffen und gebieten, das Kriegsleuten zustehet, er sey Edel oder Unedel, Klein- oder Gross Hanss, dasselbige ohne alle Widerrede und Aufzug zu thun u. s. w.**).

*) Vgl. auch die Bestimmung aus Kaiser Friedrich III. Heeresordnung: »Auch soll ein izlicher dem Hauptmann gehorsam sein und ob solcher Gehorsam von ymand, wer der wäre, gebrochen würde, den oder die soll der Hauptmann strafen, nachdem der Bruch des Gehorsams gescheen wäre und des soll sich nymands annemen in keine Weise.«

**) Vgl. Kayser Leopolds Artikuls Brif d. a. 1668 Art. 3 »Wer seinem Officirer in Commandosachen sich widersetzet, der soll das Leben verwürket

Artikel VII sagt ferner: »Und ob sichs begebe, dass ein Hauptmann oder Befehlsmann mit eines andern Hauptmanns Fähnrichen, Waibeln und Knechten etwas zu thun schaffte, das die Nothdurft erhiesche, was Kriegsleuten zu thun möglich ist, darinnen sol ihnen gehorsamet werden, gleich als ob solches der rechte Hauptmann befohlen hätte« *).

Aus allen diesen Bestimmungen lassen sich bestimmte Grundsätze über die Grenzen der Gehorsamspflicht nicht erkennen. Von einer Verpflichtung des Soldaten zu absolutem Gehorsam ist jedenfalls nirgends die Rede.

Die Artikelsbriefe Maximilian II. bildeten die Grundlage der ganzen weiteren Entwickelung des Militärstrafrechts in den meisten deutschen Einzelstaaten — insbesondere, wie es scheint, in den katholischen; die protestantischen Fürsten folgen in dieser Richtung mehr den Bestimmungen des von Friedrich Wilhelm, Churfürsten von Brandenburg, erlassenen Artikelsbriefs.

In den Jahren 1642, 1665, 1668, 1672 und 1682 erfolgten weitere Revisionen des Artikelsbriefs Maximilian II.; hinsichtlich der Gehorsamspflicht finden wir jedoch keine wesentlichen Bemerkungen**).

---

haben.« Ferner Artikuls-Brif vor die Reichsvölker d. a. 1672 (erneuert 1682) Art. 26: »Wer sich verweigert, wozu er redlich commandirt wird, soll als ein Meutenirer gestraffet werden.«

*) Aehnliche Bestimmungen in der Kriegsverfassung des Schwäbischen Kreises d. a. 1563 Artikuls-Brief des Fränkischen Kreises d. a. 1691, des Niedersächsischen Kreises d. a. 1591, des Bayerischen Kreises d. a. 1664, von Chur Trier 1681, des Ober-Rhein-Kreises von 1698, von Chur Cölln d. a. 1704. Reuter Bestallung von Sachsen-Weimar d. a. 1683, Artikuls-Brief der Stadt Ulm d. a. 1709 insbes. Art. XIV, die Vorgesetzten sollen den Untergebenen nichts anbefehlen, »was unsere Dienste oder Kriegsleuten Pflicht und Schuldigkeit nicht angehet, noch selbige in ihren eigenen Geschäften gebrauchen, und mit Worten u. Werken unbillig und über die Maass tractieren wo hierüber Klage geschieht, soll dasselbe examiniert u. willkürlich gestrafet werden; denn es ist billig und mit allem Ernst darauf zu halten, dass diejenigen, so durch die Disciplin und Kriegsrecht gebunden sein, auch durch dieselben geschützt werden.«

Vgl. auch Art. X der Reuter Bestallung von Sachsen Weymar d. a. 1683 »Wo einer oder mehr mit wehrhaffter Hand gegen seinen Obristlieutenant und andern Befehlshaber, sonderlich wenn sie ihnen Amts- und Regimentshalber etwas befohlen, sich widersetzen oder Meutrey anrichten würden, die sollen auf rechtliche Erkenntnis an Leib und Leben büssen.«

**) Soweit die Kriegsartikel keine strafrechtlichen Bestimmungen enthalten, hat die Peinliche Gerichtsordnung Geltung; der Gehorsamspflicht geschieht hier keine Erwähnung.

König Gustav Adolf von Schweden erliess im Jahre 1621 einen Artikelsbrief für sein Heer; dieser liegt auch dem vom grossen Kurfürsten im Jahre 1656 verordneten »Churfürstlich Brandenburgischen Kriegsrecht oder Artikelsbrief« zu Grunde (letzterer revidirt durch Edict vom 5. October 1665).

Der Artikelsbrief Gustav Adolf's wurde mit einigen Aenderungen von Carl XI. im Jahre 1683 neu publicirt; hier findet sich nun plötzlich in Artikel XXXII eine ganz bestimmte Begrenzung der Gehorsamspflicht; Artikel XXXII sagt nämlich: »Befiehlet aber der Obristen, Obrist-Lieutenants oder jemand der andern Ober- und Unterofficiere, seinem unterhabenden Volcke, einem oder mehreren etwas anderes, als was unsere Dienste betrifft, und ausser seinem Ampt ist, auf solchen Fall ist der Kriegs-Mann ihm zu gehorchen nicht gehalten, sondern er soll solches angeben, und alsdann erkennet das Regiments- oder General-Kriegsgericht darüber, was er nach Beschaffenheit der Sachen schuldig sei: Wer dergleichen nicht angiebet, mit dem wird auf gleiche Weise procedieret«.

Dieser Artikel besagt somit ausdrücklich, dass der Soldat nur dann zum Gehorsam verpflichtet sei, wenn die befohlene Handlung auf den Dienst Bezug hat und wenn der Befehlsgeber zu dem Befehle competent ist; dass damit dem Soldaten ein Weigerungsrecht gegeben ist, wenn der Befehl seiner Ueberzeugung nach eine strafbare Handlung bezweckt, erscheint unzweifelhaft.

Diese Begrenzung der Gehorsamspflicht ist in das Brandenburgische Kriegsrecht (Artikel XV) nicht übergegangen. Hecker*) schliesst daraus, dass hier deshalb das Princip des absoluten Gehorsams Geltung habe; der Artikel XV lautet hier: »Im Fall einer oder der andere von unseren Officieren ihrem unterhabenden Volck etwas commandierten, so Uns und Unsers Hohen Chur-Hauses Bestes und ihre Ämpter nicht beträffe, so soll Kriegesrecht darüber gehalten und nach gestalten Sachen Straffe ergehen«; ob man nun mit Recht lediglich aus dem Fehlen der Worte »auf solchen Fall ist der Kriegsmann ihm zu gehorchen nicht gehalten« den Schluss ziehen kann, es habe das dem schwedischen in allem Wesentlichen nachgebildete brandenburgische Kriegsrecht plötzlich hinsichtlich der Gehorsamspflicht ein dem schwedischen Recht geradezu entgegengesetztes Princip aufgenommen, erscheint uns sehr zweifelhaft. Der Commentator in Lüning's Corpus Juris mili-

*) Civil- und Militärstrafrecht S. 56.

taris spricht sich direct gegen diese Annahme aus; er sagt in den Annotationes zu obigem Artikel XV: »Allhier wird eine Regel gegeben, wie weit sich des Officierers Commando erstrecken solle, nemlich so weit sich des gnädigsten Herrschaft und dero Lande Bestes erstrecket und weiter nicht: Wenn nun ein Officier hierwider etwas befiehlet, so ist ihm keiner zu parieren, sondern vielmehr bei der Obrigkeit anzumelden und über dessen unziemlichen Commando sich zu beklagen schuldig.«

Die strafrechtliche Verantwortlichkeit, die dem Artikel XXXII des schwedischen Militärgesetzes entspricht, ist die, dass der Untergebene durch den Befehl des Vorgesetzten nicht gegen Strafe für die befehlsgemäss ausgeführte strafbare Handlung gedeckt ist. Der Vorgesetzte haftet als Anstifter, der Untergebene als Thäter.

Einen völlig anderen Standpunkt nimmt nun das um dieselbe Zeit erlassene Schweizer Kriegsrecht ein*); dieses stellt in Artikel 19 hinsichtlich der Verantwortlichkeit des Untergebenen für auf Befehl des Vorgesetzten ausgeführte strafbare Handlungen folgendes Princip auf: »Wenn ein Soldat oder auch ein Herrendiener aus Befehl seines Herrn oder commandierenden Officiers thun muss, was an sich selbst nicht recht ist, so ist nicht der Diener oder Soldat, sondern der so den Befelch giebt zu straffen.«

Durch diese Bestimmung ist also jede Verantwortlichkeit des Untergebenen für die auf Befehl des Vorgesetzten begangene strafbare Handlung ausgeschlossen; die Verantwortlichkeit trifft allein den Vorgesetzten, der den Befehl gegeben hat.

Der absoluten Unverantwortlichkeit des gehorchenden Untergebenen entspricht der Grundsatz der unbegrenzten Gehorsamspflicht.

Die brandenburgischen Kriegsartikel wurden im Lauf des 17. und 18. Jahrhunderts mehrfach revidirt, so finden wir Revisionen vom 12. Juli 1713, 31. August 1724, 16. Juni 1749, 17. November 1764, 18. November 1787, 20. März 1797, 3. August 1808.

Eine ausdrückliche Anerkennung des Princips des absoluten Gehorsams ist in diesen Kriegsartikeln nicht zu bemerken; dass man sich aber diesem Princip sehr zuneigte, lässt sich aus mehreren allerhöchsten Rescripten und Verordnungen, insbesondere aus dem »Dienstreglement für die kgl. preussische Infanterie« vom 13. Sep-

*) Corpus Juris milit. Frankfurt. Abth. II S. 192.
Vgl. Hecker, Civil- und Militärstrafrecht S. 57 Anm. 69.

tember 1787 entnehmen; Artikel 1 Theil XI T. 1 besagt hier*): »... Gleichergestalt haben Seine kgl. Majestät ungern hören müssen, dass die Befehle der Vorgesetzen von ihren Untergeordneten nicht immer mit schuldigem Gehorsam, Fleiss und Application vollzogen werden, ja dass einige Officiere wohl, wenn etwas befohlen wird, zuvor darüber hin- und herstreiten und erst ihre Meinungen vortragen, ob ein dergleichen Befehl für recht oder unrecht zu halten. Diese Wahrnehmung haben S. Kgl. Majestät bewogen, dergleichen subordinationswidriges Betragen hiemit aufs neue und schärfste bei Vermeidung Allerhöchst Dero Ungnade und strenger Ahndung zu verbieten und alles Ernstes zu befehlen, dass die Subordination unter den Officieren eines Regiments von dem Chef bis zum jüngsten Fähnrich auf das Allergenaueste beobachtet werde.«

---

## Capitel 12.

## Die Gesetzgebung vor dem Reichsmilitärstrafgesetzbuch.

Erst zu Anfang unseres Jahrhunderts begann man die in den verschiedensten Verordnungen, Reglements und Rescripten zerstreuten militärstrafrechtlichen Bestimmungen in Militärstrafgesetzbüchern zu codificiren. Für die Entwickelung unserer Frage sind hauptsächlich die unmittelbaren Vorgänger des Reichsmilitärstrafgesetzbuches: das preussische Militärstrafgesetzbuch vom 3. April 1845**), das sächsische vom 4. November 1867 und das bayerische vom 29. April 1869 von Bedeutung.

---

*) Preussische Militärgesetzsammlung Bd. II S. 117.

**) Eine Aufzeichnung der vor Einführung des Militärstrafgesetzbuches geltenden Normen findet sich bei Friccius, Das preussische Militärstrafrecht, wie es besteht (1835); der Werth dieser Sammlung ist jedoch durch den Umstand etwas gemindert, dass die angeführten Grundsätze zum grossen Theil lediglich Folgerungen aus bekannt gewordenen Allerhöchsten Cabinetsordren sind, die die Entscheidung eines concreten Falles zum Gegenstand haben; so lautet z. B. § 14 der Bestimmungen: »Die Pflicht des Gehorsams ist sich überall gleich und der Untergebene ist nur für die richtige Vollziehung des erhaltenen Befehles verantwortlich. Die Verantwortlichkeit für die Folgen der Ausführung trägt allein der Vorgesetzte, welcher den Befehl gegeben hat.« Dieser Grundsatz stützt sich auf eine »Cabinetsordre an das Generalauditoriat vom 11. Mai 1821 in Sachsen gegen B—e«. Vgl. § 15 a. a. O.

Ferner Rudloff, Handbuch des preussischen Militärrechts, Berlin 1830.

Das preussische Militärstrafgesetzbuch regelt in § 71 die Verantwortlichkeit für auf Befehl ausgeführte strafbare Handlungen in folgender Weise· »Wird durch die Ausführung eines Befehls in Dienstsachen ein Strafgesetz verletzt, so ist dafür der befehlende Vorgesetzte in der Regel allein verantwortlich. Es trifft jedoch den gehorchenden Untergebenen die Strafe des Theilnehmers

1. wenn er den ihm ertheilten Befehl überschritten hat, oder
2. wenn ihm bekannt gewesen, dass der Befehl des Vorgesetzten eine Handlung betraf, welche offenbar ein Verbrechen bezweckte.«

Der Vorgesetzte ist sonach für die auf seinen Befehl ausgeführte strafbare Handlung stets verantwortlich.

Der Untergebene ist mitverantwortlich (»Theilnehmer«)

1. wenn der Befehl, in dessen Ausführung er die strafbare Handlung begangen, kein »Befehl in Dienstsachen« war,
2. wenn ihm vor oder bei Ausführung eines Befehles in Dienstsachen bekannt geworden ist, dass der Vorgesetzte durch die Ausführung des Befehls die Begehung einer Handlung bezweckt, welche sich als Verbrechen*) darstellt.

Der Sinn und die strafrechtliche Bedeutung der Bestimmungen des § 71 wurde nun aber durch eine »authentische Interpretation« des Wortes »Verbrechen« in Ziffer 2 des Paragraphen wesentlich modificirt; eine allerhöchste Cabinetsordre vom 27. März 1860 sagt nämlich Folgendes**): »Es ist, wenn durch pünktliche Ausführung eines Befehls in Dienstsachen ein Militärstrafgesetz verletzt wird, der befehlende Vorgesetzte allein dafür verantwortlich, und der gehorchende Untergebene kann nur strafbar werden, wenn in der Ausführung eine Verletzung der militärischen Treue liegt. Das Generalauditoriat hat hiernach darauf zu achten, dass bei Verletzung eines Militärstrafgesetzes durch Ausführung eines Befehls in Dienstsachen der § 71 des Militärstrafgesetzbuches in diesem Sinn angewendet wird.«

Das Generalauditoriat gibt zu dieser Ordre noch folgende Erläuterung:

»1. Die Allerhöchste Ordre ist eine authentische Auslegung des § 71 Nr. 2 des Militärstrafgesetzbuches und bezieht sich nicht auf

*) Verbrechen im Sinn des preussischen Militärstrafgesetzbuches ist jede strafbare Handlung. Der Ausdruck Verbrechen steht hier somit nicht im Gegensatz zu »Vergehen« und »Uebertretung«.

**) Militär-Gesetz-Sammlung Bd VI S. 166.

Nr. 1 dieses Paragraphen, da es in der Natur der Sache liegt, dass der Untergebene, wenn er den ihm ertheilten Befehl überschritten hat, dafür verantwortlich ist. Die Allerhöchste Ordre schliesst durch die Worte »wenn durch pünktliche Ausführung« u. s. w. den Fall der Ueberschreitung des Befehls aus.

2. Die Allerhöchste Ordre bezieht sich ferner nur auf die Ausführung solcher Befehle in Dienstsachen, wodurch ein Militärstrafgesetz verletzt wird, mit Ausschluss jedoch derjenigen Militärstrafgesetze, welche die Verletzung der militärischen Treue (§§ 87 ff.) zum Gegenstand haben. In Betreff dieser Verletzungen behält es bei der Vorschrift des § 71 Nr. 2 l. c. für den ausführenden Untergebenen lediglich sein Bewenden, und ebenso

3. in dem Falle, wenn durch Ausführung des Befehls in Dienstsachen andere als Militärstrafgesetze verletzt werden; denn auch die Ausführung gemeiner Verbrechen und Vergehen wird von der gedachten allerhöchsten Ordre nicht berührt. Bei diesen Gesetzverletzungen wird in einem jeden concreten Falle darauf zu achten sein, ob auch wirklich ein Befehl in Dienstsachen vorliegt, und ob nicht vielmehr die Bestimmungen von der Theilnahme an Verbrechen und Vergehen Platz greifen.«

Die authentische Interpretation der Cabinetsordre vom 27. März 1860 hatte positive Bestimmungen verschiedener älterer Militärstrafgesetzbücher zum Vorbild; das durch sie ausgesprochene Princip der Verantwortlichkeit des Untergebenen hatte im Militärstrafgesetzbuch von Hessen-Darmstadt vom Jahre 1822 (§ 29), in der Kriegsdienstordnung von Württemberg von 1824 (§ 16), von Baden vom Jahre 1839 (§ 63), im Militärstrafgesetzbuch von Hannover vom Jahre 1841 (§ 16 u. 57) und in dem von Nassau von 1852 (§ 15) bereits Geltung gefunden: Der Untergebene ist nur dann für auf Befehl des Vorgesetzten begangene strafbare Handlungen verantwortlich, wenn sich die Handlung als ein gemeines Verbrechen oder ein Verbrechen wider die militärische Treue darstellt.

Durch diese Bestimmungen sind auch die Grenzen der Gehorsamspflicht gezogen:

Gegenüber Befehlen, die nicht in Dienstsachen ergehen, ist der Untergebene zum Ungehorsam berechtigt, wenn dieselben die Ausführung einer strafbaren Handlung überhaupt (Verbrechen, Vergehen oder Uebertretung) bedingen.

Gegenüber Befehlen in Dienstsachen ist der Untergebene nur dann Gehorsam zu leisten nicht schuldig, wenn sich die befohlene strafbare Handlung als gemeines Verbrechen oder als Verbrechen wider die militärische Treue charakterisirt.

Das sächsische Militärstrafgesetzbuch vom 4. November 1867 folgt vollständig dem Princip des preussischen Rechtes. Der mit § 71 des preussischen Militärstrafgesetzbuches wörtlich gleichlautende § 70 des sächsischen, unterscheidet sich von ersterem nur dadurch, dass er eine Erklärung des Ausdrucks »Theilnehmer« in der Weise gibt, dass er diesem Wort in Klammern die Worte »Urheber oder, nach Umständen, Gehilfen« folgen lässt

Das bayerische Militärstrafgesetzbuch vom 29. April 1869 lautet in Art. 65 folgendermaassen:

»Der Befehl zur Begehung einer strafbaren That macht in der Regel den Thäter nicht straflos.

Jedoch macht der dienstliche Befehl eines Vorgesetzten, durch dessen Ausführung ein Strafgesetz verletzt wurde, den Untergebenen dann straflos, wenn er weder den ihm ertheilten Befehl überschritten, noch gewusst hat, dass durch Ausführung des Befehles nur die Verübung eines Verbrechens oder Vergehens bezweckt werde.

In allen Fällen bleibt der Befehlende strafrechtlich verantwortlich.«

Der Entwurf der Regierung hatte in Artikel 46 gelautet*):

»Der dienstliche Befehl eines Vorgesetzten macht, wenn durch dessen Ausführung ein Strafgesetz verletzt wurde, den Untergebenen straflos, ausgenommen, wenn er den ihm ertheilten Befehl überschritten hat, oder wenn ihm bekannt oder aus der Beschaffenheit des Befehles unzweifelhaft zu erkennen war, dass derselbe nur die Verübung eines Verbrechens oder Vergehens oder eine offenbare Pflichtverletzung bezwecke.«

Aus den Motiven**) möge hierher Folgendes bemerkt werden:

»Ein Fundamentalsatz der Disciplin, auf welchem die ganze Existenz einer Armee beruht, ist der des unbedingten Gehorsames

*) Vgl. Verhandlungen des besonderen Ausschusses der Kammer der Abgeordneten des Königreichs Bayern über die Entwürfe der Militärstrafgesetzbücher 1868/69 S. 6.

Ueber das bayerische Militärstrafgesetzbuch vgl. insbesondere Koppmann, Militärstrafgesetzbuch für das Königreich Bayern. München 1870.

Ferner auch Oberniedermayr, Commentar über die Militärstrafgesetze für das Königreich Bayern. München 1870.

**) a. a. O. S. 31.

gegen die Befehle des Vorgesetzten. Dieser unbedingte Gehorsam bezieht sich jedoch nur auf Dienstbefehle*).

Dienst heisst jede innerhalb der Berufssphäre einer Militärperson durch militärische Vorschrift oder besonderen auf solche gegründeten Befehl vorzunehmende Verrichtung.

Dienstbefehl ist daher jede Verfügung des vermöge seiner dienstlichen Stellung zu deren Erlass befugten Vorgesetzten, soferne sie sich auf den Dienst bezieht. Vorgesetzter ist aber jeder im Rang Höhere oder bei gleicher Charge Dienstältere, welcher in Beziehung auf den Dienst einem Andern zu befehlen berechtigt ist. Auch Befehle der Vorgesetzten in Bezug auf die Standesführung sind als Dienstbefehle anzusehen.

Eine Kritik des Befehles, ein Raisonnement über denselben, eine Prüfung seiner Zulässigkeit durch den Untergebenen ist ausgeschlossen. Daraus folgt mit Consequenz, dass der Untergebene den Befehl unbedingt vollziehen muss, aber auch, dass er für die Folgen des Vollzuges nicht verantwortlich gemacht werden kann, die Verantwortlichkeit vielmehr nur den Vorgesetzten trifft, welcher den Befehl gegeben hat. Eine Ausnahme von diesem Grundsatze muss aber dann eintreten, wenn

1. der Untergebene den ihm in Dienstsachen ertheilten Befehl überschritten hat, weil aus solcher Ueberschreitung sich ergibt, dass der Thäter bei seinem Handeln nicht blos durch den Befehl zur That, sondern durch seinen eigenen Willen sich hat bestimmen lassen und
2. wenn ihm bekannt oder aus der Beschaffenheit des Befehles unzweifelhaft zu erkennen war, dass derselbe nur die Verübung eines Verbrechens oder Vergehens oder eine offenbare Pflichtverletzung *bezwecke*, d. h. dass die Absicht des Befehlenden darauf gerichtet war, nicht etwa eine zwar objectiv gegen ein Gesetz verstossende, aber durch den Dienstzweck gebotene Handlung z. B. Anzündung von Baulichkeiten, welche der Feind zur Deckung benützen könnte, vornehmen zu lassen, sondern durch die Ausführung des Befehles wissentlich und vorsätzlich, sohin subjectiv ein Verbrechen zu veranlassen, z. B. durch den Befehl, die

*) Was das bayerische Gesetzbuch unter »Dienstbefehl« versteht, heisst im preussischen »Befehl in Dienstsachen«

eigenen Munitions- oder Lebensvorräthe in einem festen Platze zu zerstören, um dadurch verrätherischerweise dessen Uebergabe an den Feind zu fördern,

denn selbst die Pflicht des unbedingten Gehorsams hört für den Soldaten auf, wenn sie mit höheren Pflichten, namentlich mit der Pflicht der Treue, dergestalt in Collision kommt, dass ohne Verletzung dieser höheren Pflicht dem Befehle des Vorgesetzten nicht Gehorsam geleistet werden kann.

Die Worte »unzweifelhaft« und »offenbar« sind gebraucht, um keine andere Auslegung zuzulassen, als dass hier nur solche Fälle gemeint sein können, in welchen das Verbrecherische und Pflichtwidrige der Handlung selbst dem schlichten Sinne des minder gebildeten Soldaten sogleich erkennbar sein musste.«

Der Abgeordnete Stenglein beantragte als Referent im Gesetzgebungsausschuss folgende Fassung des Artikels 46*): »Der Befehl zur Begehung einer strafbaren Handlung macht in der Regel den Thäter nicht straflos.

Hat jedoch ein militärischer Vorgesetzter innerhalb seiner dienstlichen Befugnisse und in der entsprechenden Form seinem dienstlich Untergebenen eine Handlung befohlen, welche nach den bestehenden Gesetzen strafbar ist, und hat der letztere diesen Befehl vollzogen, so ist der Untergebene straflos, wenn er nicht den ihm ertheilten Befehl überschritten, und wenn ihm weder bekannt, noch aus den Umständen unzweifelhaft erkennbar war, dass der Befehl nur die Verübung eines Verbrechens oder Vergehens bezwecke.

In allen Fällen bleibt der Befehlende strafrechtlich verantwortlich«.

Es wurde diese Fassung des Artikels von der Kammer jedoch nicht angenommen, sondern der oben angeführte Wortlaut gewählt. Bemerkenswerth ist dabei besonders, dass der Regierungsentwurf als Regel die Straflosigkeit des gehorchenden Untergebenen aufgestellt wissen wollte, während der Referent des Gesetzgebungsausschusses den Grundsatz des allgemeinen Strafgesetzbuches in Artikel 71, dass der Befehl den Gehorchenden nicht straflos mache, auch für das Militärstrafrecht als maassgebend erachtete. Die Kammer pflichtete in dieser Richtung der Anschauung Stenglein's bei.

---

*) Vgl. Verhandlungen a. a. O. S. 89.

Die strafrechtliche Bedeutung des Befehls nach Artikel 65 des Bayerischen Militärstrafgesetzbuches ist somit die, dass der gehorchende Untergebene durch den Befehl nur dann vor Strafe gedeckt ist, wenn er den Befehl nicht überschritten hat, und wenn ihm nicht bekannt war, dass der befehlende Vorgesetzte die Begehung einer als gemeines oder militärisches Verbrechen oder Vergehen strafbaren Handlung bezweckte. Der Befehl muss nach der Ansicht des Untergebenen eine »Dienstsache« betroffen haben.

Von dem Princip des preussischen Rechtes ist der Grundsatz des bayerischen insbesondere dadurch verschieden, dass letzteres nur für auf Befehl begangene »Uebertretungen« die Unverantwortlichkeit des Untergebenen constatirt, während nach ersterem alle militärischen Verbrechen, welche sich nicht als »Verbrechen wider die militärische Treue« darstellen, für den Untergebenen straflos bleiben sollen. Ausserdem hat die Betonung des Satzes, dass der Befehl in der Regel den Untergebenen **nicht** straflos mache, die Wirkung, dass nach bayerischem Recht der Beweis des Vorliegens von Umständen, welche eine Ausnahme begründen, dem Angeklagten zur Last fällt, während nach preussischem Recht der Untergebene die Vermuthung der Unverantwortlichkeit für sich hat.

Entsprechend der strafrechtlichen Verantwortlichkeit ist nach Art 65 die Gehorsamspflicht in der Weise begrenzt, dass der Untergebene, sobald er weiss, dass der Vorgesetzte durch den Befehl die Begehung einer als Verbrechen oder Vergehen strafbaren Handlung bezweckt, zur Weigerung des Gehorsams berechtigt ist. Nur Uebertretungen muss er auf Befehl ausführen.

---

## Capitel 13.

# Ausserdeutsche Gesetzgebung.

Das älteste in Kraft befindliche Militärstrafgesetzbuch ist »**das Bundesgesetz über die Strafrechtspflege für die eidgenössischen Truppen vom 27. August 1851.**«

Dasselbe sagt in Art. 30: »An sich unerlaubte Handlungen sind straflos, wenn sie auf den bestimmten, auf ein militärisches Dienstverhältniss sich beziehenden Befehl eines militärischen Oberen des Thäters begangen worden sind. Der Obere, welcher den Befehl gegeben hat, soll denselben verantworten.«

Die Schweiz ist somit bis heute auf dem von ihr in dieser Richtung schon im sechzehnten Jahrhundert eingenommenen Standpunkt der absoluten Unverantwortlichkeit des Untergebenen für die auf Befehl des Vorgesetzten begangenen strafbaren Handlungen bestehen geblieben.

Um die Straflosigkeit des Untergebenen zu begründen, ist nur erforderlich, dass ein Vorgesetzter in seiner Eigenschaft als solcher den Befehl zur Begehung der strafbaren Handlung gegeben hat. Der Untergebene erscheint als willenloses Werkzeug in der Hand des Vorgesetzten; der Vorgesetzte ist der »Thäter«, ihn allein trifft die Verantwortlichkeit für die auf seinen Befehl ausgeführte strafbare Handlung.

Der Entwurf eines Militärstrafgesetzbuches für die schweizerische Eidgenossenschaft vom 30. Mai 1884 ist in Artikel 18 Ziffer 4 auf dem Standpunkt des Bundesgesetzes vom 27. August 1851 stehen geblieben; die Bestimmung lautet: »Die in diesem Gesetzbuch mit Strafe bedrohten Handlungen oder Unterlassungen werden nicht bestraft:

(4) wenn die strafbare Handlung auf bestimmten, auf ein militärisches Dienstverhältniss Bezug habenden Befehl eines militärischen Vorgesetzten stattgefunden hat.«*)

Der entsprechende Kriegsartikel (26) sagt: »Jeder Untergebene, oder unter militärischem Befehl Stehende ist straflos, wenn er im Kriege eine der durch die Kriegsartikel verbotenen Handlungen auf den ausdrücklichen Befehl irgend eines militärischen Vorgesetzten oder im Grade Höherstehenden begeht und die Verantwortlichkeit dafür geht allein auf den befehlgebenden Oberen über.«

Im Kriege bleibt somit auch der Untergebene straflos, der auf den Befehl eines Vorgesetzten nicht eine durch das militärische Interesse gebotene Rechtsgüterverletzung, sondern irgend ein gemeines Verbrechen — einen Mord, eine Nothzucht — begangen hat.

Das österreichische Militärstrafgesetzbuch vom 15. Januar 1855 bestimmt in § 8: »Der Befehl eines Vorgesetzten entschuldigt nicht von der Zurechnung eines Verbrechens oder Vergehens, wenn nicht das Gesetz ausdrücklich eine Ausnahme festsetzt.«

---

*) Vgl. Gretener, Zum Entwurfe eines Militärstrafgesetzbuches für die Schweizerische Eidgenossenschaft (Bern 1886), S. 13ff.

Zur Ergänzung des § 8 dient § 158: »Die Nichtbefolgung eines Befehls kann dem Untergebenen als Subordinationsverletzung nicht zugerechnet werden, wenn

a) der Befehl dem Dienste oder der dem Landesfürsten schuldigen Treue offenbar zuwider ist,
b) wenn der Befehl eine Handlung oder Unterlassung zum Gegenstand hat, in welcher offenbar ein Verbrechen oder Vergehen zu erkennen ist«*).

Aus dem Zusammenhalt der §§ 8 und 158 ergiebt sich, dass der Befehl bei Uebertretungen und zwar nur bei solchen, welche nicht »dem Dienste offenbar zuwider« sind und ausserdem in dem Falle, wenn der Untergebene nicht gewusst hat, dass sich die befohlene Handlung als Verbrechen oder Vergehen darstelle, Straflosigkeit bewirkt.

Eine Unterscheidung zwischen Befehlen in Dienstsachen und solchen, die nicht in Dienstsachen ergehen, macht das österreichische Recht zwar nicht ausdrücklich, es ist jedoch aus dem Satz des § 158, dass die Nichtbefolgung eines Befehles als »Subordinationsverletzung« nicht zugerechnet werden könne, zu entnehmen, dass hier nur an Befehle in Dienstsachen zu denken ist, da sich die Nichtbefolgung eines Befehles, der Dienstsachen nicht betrifft, auch nicht als »Subordinations«verletzung charakterisiren kann.

Das Militärstrafgesetzbuch für Norwegen (Militaer-Straffeloo) vom 23. März 1866 enthält in § 55 folgende Bestimmung:

»Wenn ein Vorgesetzter im Hinblick auf das militärische Dienstverhältniss Befehl zu einer strafbaren Handlung giebt, so ist der Untergebene, welcher dieselbe ausführt, nicht dafür zu strafen, es sei denn, dass die Handlung irgend ein Verbrechen nach den allgemeinen Gesetzen bezweckte oder nach vorliegendem Gesetz: Verrätherei, Fahnenflucht, Aufruhr, Meuterei, falsche Meldung oder eine andere falsche Angabe, und er dabei wusste, oder klar musste einsehen können, dass ein solches Verbrechen damit bezweckt wurde.«

---

*) Ueber österreichisches Militärstrafrecht vgl. insbesondere: Damianitsch, Studien über das Militärstrafrecht (Wien 1862) und Dangelmaier, Die Militärverbrechen und Vergehen (Innsbruck 1884). Ueber den Befehl Damianitsch a. a. O. S. 66ff. Dangelmaier a. a. O. S. 16ff.

Das Militärstrafgesetzbuch für Dänemark vom 7. Mai 1881*) endlich sagt in § 47 »Giebt ein Vorgesetzter mit Rücksicht auf ein militärisches Dienstverhältniss den Befehl zu einer strafbaren Handlung, so ist der Untergebene für die Ausführung des Befehles nicht verantwortlich, es sei denn, dass ihm bekannt sein musste oder bekannt war, dass mit dem Befehle ein Verbrechen**) bezweckt wurde.«

Ueber die Verantwortlichkeit für auf Befehl des Vorgesetzten ausgeführte strafbare Handlungen enthalten keine Bestimmung:

Die Mililärstrafgesetzbücher

für Frankreich (Code de justice militaire) vom 9. Juli 1857,
für Italien (Codice penale per l'esercito) vom 28. November 1869,
für Schweden vom 7. Oktober 1881.

Ebenso hat der von Professor van der Hoeven ausgearbeitete Entwurf eines Militärstrafgesetzbuches für die Niederlande***) Bestimmungen in dieser Richtung nicht aufgenommen†).

---

Capitel 14.

## Das Militärstrafgesetzbuch für das Deutsche Reich.

Der vom Bundesrath unter dem 3. April 1872 genehmigte Entwurf eines Militärstrafgesetzbuches für das Deutsche Reich enthielt in § 58 folgende Bestimmung:††) »Wird von einer

*) Deutsche Uebersetzung als Beilage 1 zur Zeitschrift für die gesammte Strafrechtswissenschaft Bd. II. erschienen.

**) »Verbrechen« im Sinn von »strafbare Handlung«.

***) Herziening van het Militair-Strafrecht (Leiden 1889) vgl. insbesondere Theil I S. 216ff., Theil II S. 147ff.

†) Ueber die für das englische Heer geltenden Grundsätze vgl Cochran, A handy text-book on military law S. 16 (citirt von van der Hoeven a. O. Theil I S. 222): »So long as the orders are not obviously and decidedly in opposition to the well-known and established customs of the army and laws of the land, or, if in opposition to such laws, do not tend to an irreparable result, so long must the orders of a superior meet prompt, immediate, and unhesitating obedience.«

††) Drucksachen des Reichstags, erste Legislaturperiode, dritte Session 1872 Nr. 5 (S. 80).

Dazu Binding, Handbuch des Strafrechts Bd. I 1885 S. 114ff.

Koppmann, Commentar zum Militärstrafgesetzbuch für das Deutsche Reich (2. Aufl. 1885) S. 165ff.

Person des Soldatenstandes durch Ausführung eines Befehls in Dienstsachen eine mit Strafe bedrohte Handlung begangen, so ist der Vorgesetzte, welcher den Befehl ertheilt hat, als Thäter zu betrachten. Der Untergebene bleibt straflos, insoweit er den Befehl nicht überschritten hat. Er ist jedoch als Mitthäter zu betrachten, wenn die Befolgung des Befehls eine Handlung gegen die militärische Treue in sich schliesst.«

Die Motive bemerken hiezu: »Bei der Lehre über strafbare Theilnahme empfahl es sich vom militärischen Standpunkte aus, die in logischer Gliederung aufgestellten Bestimmungen des Strafgesetzbuches für das Deutsche Reich im Allgemeinen beizubehalten Nur in einer Hinsicht war eine Abweichung geboten. Behufs Erreichung der einer Armee gesetzten Aufgabe ist es nämlich unabweisbar nothwendig, dass der Soldat den Dienstbefehlen seines Vorgesetzten unbedingt gehorche und ihm ein Urtheil über die Rechtmässigkeit und Folgen der Dienstbefehle nicht gestattet werde. Von selbst wirft sich daher für den Gesetzgeber die Frage auf, ob der Soldat auch dann dem Befehle seines Vorgesetzten folgen müsse, wenn der Befehl auf Ausführung einer mit Strafe bedrohten Handlung geht.

Der Entwurf ist hiebei bestrebt gewesen, so viel als irgend möglich die militärischen Interessen der Aufrechthaltung des Gesetzes hintanzustellen; er schreibt darum vor, dass nicht die Befolgung eines jeden Dienstbefehles einen Grund zur Straflosigkeit bilde; Straflosigkeit trete vielmehr nur dann ein, wenn der Befehl ein Befehl in Dienstsachen gewesen. Nach militärischer herkömmlicher Sprachweise unterscheidet sich aber der Dienstbefehl von dem Befehl in Dienstsachen dadurch, dass unter ersterem ein jeder Befehl irgend eines militärischen Vorgesetzten verstanden wird, letzterer nur derjenige Befehl eines dienstlich Vorgesetzten ist, welcher eine Dienstangelegenheit betrifft.

Noch um Vieles höher als die Pflicht des Gehorsams steht aber für den Soldaten die Bewahrung der militärischen Treue. Der Paragraph bestimmt darum, dass selbst die Befolgung eines Befehls in Dienstsachen dann nicht einen Straflosigkeitsgrund bilde, »wenn die Befolgung des Befehls eine Handlung gegen die militärische Treue in sich schliesst.« Unter militärischer Treue versteht aber der Entwurf alle die Pflichten gegen den Kaiser, den Landesherrn und das Vaterland, deren Erfüllung der Soldat durch Ableistung des Fahneneides gelobt hat. Handlungen gegen die militärische

Treue sind daher beispielsweise die Verletzung des Gehorsams gegen den Kaiser oder den Landesherrn, sowie alle Handlungen, durch welche der Soldat sich seiner militärischen Dienstpflicht entziehen will, sei es, dass dies durch Fahnenflucht, durch Selbstbeschädigung, durch Vorschützung von Gebrechen oder durch sonstige Täuschungen geschieht.

Mag nun bei Ausführung eines Befehls in Dienstsachen, durch welche eine mit Strafe bedrohte Handlung begangen wird, der Untergebene straffrei oder strafbar sein, der Entwurf nimmt ausnahmslos an, dass dem befehlenden Vorgesetzten gegenüber der gehorchende Untergebene nur als dessen Handhabe erscheint. Aus diesem Grund soll in allen diesen Fällen der Vorgesetzte nicht sowohl als der Anstifter, sondern vielmehr als der Thäter betrachtet werden. Schliesst die Befolgung eines Befehls in Dienstsachen eine Handlung gegen die militärische Treue in sich, und ist darum auch dem Untergebenen die Handlung zuzurechnen, so soll dieser als Mitthäter betrachtet werden. Wenn übrigens der Entwurf ausspricht, dass der Vorgesetzte als Thäter, der Untergebene als Mitthäter betrachtet werden sollen, so ist das Wort »betrachtet« absichtlich gewählt worden. Der Entwurf hat es ausdrücklich abgelehnt, statt dieses Wortes das Wort »bestraft« zu sagen. Denn er wollte nicht in den Fällen präjudiciren, in welchen etwa nach allgemeinen Lehren des Strafrechts der Thäter oder Mitthäter für straffrei zu erklären sei.

Welche Wirkung es habe, wenn eine strafwürdigere Handlung als der Vorgesetzte gewollt, oder eine strafbare Handlung überhaupt erst dadurch geschieht, dass der Untergeoene den Befehl überschreitet, will der Entwurf lediglich nach den allgemeinen Strafgrundsätzen entschieden wissen. Dem Vorgesetzten dürfen die Folgen der Ueberschreitung nicht zugerechnet werden. Der Untergebene allein ist wegen derselben verantwortlich.

Ob der Befehl ein allgemeiner oder ein nur für den bestimmten Fall gegebener sei, unterscheidet der Paragraph nicht, weil der Entwurf überhaupt annimmt, dass auch die Seitens eines Vorgesetzten gegebene allgemeine Instruction als ein Befehl zu erachten sei. So ist denn in Gemässheit des Paragraphen der Vorgesetzte auch dann als Thäter zu betrachten, wenn ein Untergebener eine von demselben ihm ertheilte unrichtige Instruction pünktlich ausführt.«

Der gehorchende Untergebene erscheint nur als »die Handhabe« des befehlenden Vorgesetzten — dieser Gedanke bildet die Grundlage des § 58 des Entwurfs und der Motive; seine Consequenz ist die absolute Unverantwortlichkeit des Untergebenen; ihm entspricht die Forderung unbedingten, blinden Gehorsams.

Die strafrechtliche Bedeutung des Befehls ist darnach folgende:

Der befehlende Vorgesetzte ist stets als Thäter zu »betrachten« beziehungsweise zu bestrafen.

Der Untergebene kann für die auf einen in Dienstsachen gegebenen Befehl begangene strafbare Handlung principiell strafrechtlich nicht verantwortlich gemacht werden.

Nur wenn der Vorgesetzte einen Befehl gegeben hat, dessen Ausführung eine Handlung gegen die militärische Treue in sich schliessen würde, ist der Untergebene zum Gehorsam nicht verpflichtet, und er hat, wenn er dem Befehl Folge leistet, trotzdem er weiss, dass er hiedurch eine Handlung gegen die militärische Treue begeht, als »Mitthäter« zu haften.

Wie ersichtlich, ist der Entwurf zu einem Deutschen Militärstrafgesetzbuch in Beziehung auf die Frage der Verantwortlichkeit des Untergebenen für auf Befehl ausgeführte strafbare Handlungen und die Grenzen der Gehorsamspflicht von dem Gedanken, der seinem nächsten Vorgänger, dem bayerischen Militärstrafgesetzbuch, zu Grunde lag, und auch von dem dem Wortlaut des preussischen Gesetzbuches entsprechenden Princip weit abgegangen. Wie sich die Verhältnisse unter der Einwirkung der Cabinetsordre vom 27. März 1860 thatsächlich gestaltet hatten, hätte allerdings die Einführung des § 58 des Entwurfs als gesetzliche Bestimmung in Preussen eine wesentliche Aenderung der rechtlichen Grundsätze auf diesem Gebiete wohl nicht hervorgerufen.

Die Commission des Reichstages billigte das dem § 58 des Entwurfs zu Grunde liegende Prinzip der absoluten Unverantwortlichkeit des Untergebenen und der unbedingten Gehorsamspflicht nicht, und es erhielt nunmehr der Paragraph — und zwar als § 47 — folgende Fassung*)

»Wird durch die Ausführung eines Befehls in Dienstsachen ein Strafgesetz verletzt, so ist dafür der befehlende Vorgesetzte allein verantwortlich. Es trifft jedoch den gehorchenden Untergebenen die Strafe des Theilnehmers:

1. wenn er den ihm ertheilten Befehl überschritten hat,

*) Koppmann a. a. O. S. 165 Anm. 2 bedauert, dass nicht die Fassung des Entwurfs beibehalten wurde; er meint, der Paragraph sei nach dem Entwurf viel klarer gewesen und hätte zu viel weniger Bedenken Anlass gegeben, als in seiner gegenwärtigen Redaction.

2. wenn ihm bekannt gewesen, dass der Befehl des Vorgesetzten eine Handlung betraf, welche ein bürgerliches oder militärisches Verbrechen oder Vergehen bezweckte.«

Der § 47 wurde in dieser Fassung Bestandtheil des Militärstrafgesetzbuches für das Deutsche Reich vom 20. Juni 1872 und zwar bildet er einen besonderen — den vierten — Abschnitt des ersten Theiles dieses Gesetzbuches, der die Ueberschrift »Theilnahme« trägt.

Der Text des § ist dem § 71 des Preussischen Militärstrafgesetzbuches nachgebildet.

Dass in Absatz 1 die Worte »in der Regel« des § 71 weggeblieben sind, ist wohl lediglich dem Bestreben zuzuschreiben, die beiden Sätze des ersten Absatzes und mit diesen die im zweiten Absatz enthaltenen Ausnahmen von der Regel logischer zu verbinden.

Grundsatz des geltenden deutschen Militärstrafrechts ist nach § 47 die Unverantwortlichkeit des Untergebenen für die auf einen in Dienstsachen ergangenen Befehl des Vorgesetzten begangene strafbare Handlung; der Grundsatz wird jedoch wesentlich modificirt: War dem Untergebenen vor oder zur Zeit der Ausführung des Befehles bekannt, dass der Vorgesetzte durch den Befehl die Begehung einer als bürgerliches oder militärisches Verbrechen oder Vergehen strafbaren Handlung bezweckte, so ist er für diese Handlung verantwortlich. Ebenso trifft den Untergebenen die Verantwortlichkeit nach allgemeinen Grundsätzen für die Ueberschreitung des Befehls.

Ohne seine Verantwortlichkeit zu begründen, führt der Untergebene Befehle aus, wenn sich die betreffende Handlung als »Uebertretung«*) qualicificirt, oder wenn ihm nicht bekannt war, dass die Handlung sich im Sinne des Gesetzes als bürgerliches oder militärisches »Verbrechen« oder »Vergehen« darstellt.

Für die Ausführung von Befehlen, die nicht Befehle in Dienstsachen sind, wird die Verantwortlichkeit des Untergebenen durch § 47 nicht eingeschränkt.

Die nach den allgemeinen Regeln über Zurechnung zu beurtheilende Verantwortlichkeit des Vorgesetzten für die auf seinen Befehl ausgeführte strafbare Handlung wird durch § 47 nicht modificirt.

*) Das Militärstrafgesetzbuch kennt keine militärischen Uebertretungen. Vgl. § 1 des M.-St.-G.-B. Entscheidung des Reichsgerichts vom 1 April 1887, Rechtsprechung Bd. IX S. 218.

In Gemässheit des § 47 in Zusammenhalt mit §§ 92 ff. schuldet der Untergebene Befehlen in Dienstsachen insolange Gehorsam, als ihm nicht bekannt ist, dass der Vorgesetzte durch sie die Begehung einer als Verbrechen oder Vergehen strafbaren Handlung bezweckt.

Einem Befehl gegenüber, der nicht in Dienstsachen ergeht, schuldet der Untergebene keinen Gehorsam, wenn die Ausführung desselben nach seiner Ansicht die Begehung einer strafbaren Handlung — Verbrechen, Vergehen oder Uebertretung — bedingen würde.

---

## Capitel 15.

## Die Gehorsamspflicht des Soldaten.

Während heutzutage wohl Niemand mehr bezweifelt, dass der Beamte nur in vom Gesetz mehr oder minder genau bestimmten Grenzen zum Gehorsam verpflichtet sein kann und Befehlen zu offenbar strafbaren Handlungen nicht Folge zu leisten schuldig ist, wird hinsichtlich der Gehorsamspflicht des Soldaten auch heute noch in Gesetz und Doctrin die Behauptung aufgestellt, dass der Soldat den Befehlen seines Vorgesetzten unbedingten »blinden« Gehorsam schulde, dass er somit auch einen als gesetzwidrig erkannten Befehl vollziehen müsse

Bevor wir aber auf die Frage nach den Grenzen der militärischen Gehorsamspflicht näher eingehen, müssen wir ihre natürliche Grundlage, ihre rechtliche Natur kurz ins Auge fassen.

Der Beamte schuldet schon um deswillen keinen absoluten Gehorsam, weil es ihm jederzeit frei steht, das Amt, durch dessen Innehabung er in das Verhältniss der Gehorsamspflicht gegenüber Dienstbefehlen seines Vorgesetzten getreten ist, aufzugeben und sich auf diese Weise der Gehorsamspflicht zu entziehen.

Die Gehorsamspflicht des Beamten entsteht mit dem Abschluss des Dienstvertrages und beruht auf demselben, mit seiner Lösung geht sie unter.

Anders gestaltet ist die Grundlage der Gehorsamspflicht des Soldaten. Artikel 57 der Reichsverfassung sagt: »Jeder Deutsche ist wehrpflichtig und kann sich in Ausübung dieser Pflicht nicht vertreten lassen.« Die Pflicht, dem Staate als Soldat zu dienen, ist damit eine an sich jedem Unterthan des Reiches obliegende.

In der Pflicht, Soldat zu sein, ist aber als Essentiale die Pflicht zum Gehorsam gegen die Befehle des Vorgesetzten enthalten*). Freilich werden nicht alle Wehrpflichtigen zum Dienst thatsächlich herangezogen; es wird desshalb die Pflicht des militärischen Gehorsams nur einer verhältnissmässig geringen Anzahl der Staatsbürger direkt auferlegt — gleichwohl bleibt sie an sich eine allgemeine Unterthanenpflicht.

Das Gesagte kann natürlich nur für diejenigen Angehörigen des Heeres Geltung haben, die ihrer gesetzlichen Dienstpflicht nachkommen; sobald dieser Genüge geleistet ist, beruht die Dienstleistung nicht mehr auf der Unterthanenpflicht. Wer über seine gesetzliche Verpflichtung hinaus dem Staate zur Heranbildung und Führung des Heeres als Soldat — gleichgiltig ob als Offizier oder als Unteroffizier — Dienste leistet, thut dies ebenso wie der Beamte auf Grund eines mit dem Staate abgeschlossenen öffentlich-rechtlichen Dienstvertrages; die Gehorsamspflicht dieser Angehörigen des Heeres beruht desshalb wie die des Beamten auf dem Dienstvertrag.

Das Gleiche gilt für alle Angehörigen des Heeres in denjenigen Staaten, in welchen die Armee nicht auf Grund der Wehrpflicht der Unterthanen, sondern durch Werbung zusammengesetzt wird.

Wenn so auch die rechtliche Grundlage der Gehorsamspflicht für den Berufssoldaten eine andere ist wie für denjenigen, der lediglich seiner gesetzlichen Dienstpflicht Genüge leistet, so kann dieser Umstand doch selbstverständlich eine Verschiedenheit in der Ausdehnung der Gehorsamspflicht nicht bedingen; die Grenzen derselben müssen für jeden Soldaten die gleichen sein.

Die Zuweisung verschiedener einzelner Amtsgeschäfte an die einzelnen Behörden hat zur Folge, dass der Beamte, da er ja in Gemässheit seines Dienstvertrages nur Dienstbefehlen Folge zu leisten hat, als »Vorgesetzte« nur diejenigen Personen betrachten muss, die im Vollzug ihres Amtes ihm Dienstbefehle zu ertheilen in der Lage sind. Die Zahl der Vorgesetzten beschränkt sich somit für den

*) Vgl. Laband, Staatsrecht des Deutschen Reiches, 2. Aufl. Bd. II (zweite Abtheilung) S 643 »Sie (die Dienstpflicht) ist .. eine stark potenzirte Unterthanenpflicht, indem sowohl die Gehorsamspflicht als die Treuverpflichtung einen sehr ausgedehnten Umfang haben und indem ihre Erfüllung durch schwere Strafdrohungen gesichert ist«

Zorn, Staatsrecht Bd. I S. 361.

Beamten auf die Personenreihe, welche ihn amtlich mit dem Inhaber der Staatsgewalt verbindet.

Der Soldat hat eine unendlich viel grössere Anzahl von Vorgesetzten.

Das Vorgesetztenverhältniss innerhalb des Heeres wird durch Rang oder durch Function begründet. Die Vorgesetzteneigenschaft ist entweder eine allgemeine, die durch das allgemeine militärische Rangverhältniss bestimmt ist, oder sie ist eine directe, die auf dem speciellen dienstlichen Verhältniss — der Function — ruht*).

Die Vorgesetzten der nicht chargirten Soldaten, des »Gemeinen« und Gefreiten zerfallen zunächst in zwei Hauptklassen: Officiere und Unterofficiere. Die Officiere zerfallen in: 1. Generale, 2. Stabsofficiere, 3. Hauptleute und Rittmeister, 4. Subalternofficiere (Premier- und Secondlieutenants). Alle Officiere sind allgemeine Vorgesetzte aller Unterofficiere und Gemeinen, alle Angehörigen einer höheren Klasse innerhalb der Hauptklasse der Officiere sind allgemeine Vorgesetzte der Angehörigen der niederen Klassen. Innerhalb der vier Klassen besteht kein allgemeines Vorgesetztenverhältniss, es kann sich jedoch der im Dienstrang Höhere zu dem Rangniederen, wenn sich dieser einer Verletzung der Standespflichten schuldig macht, zum Zwecke der Correctur seines Verhaltens durch ausdrückliche Erklärung in das Verhältniss des Vorgesetzten setzen, und demselben sodann Befehle ertheilen. (Preussische Allerhöchste Cabinetsordre vom 30. October 1865, bayerische Allerhöchste Entschliessung vom 5 Dezember 1875.) Innerhalb der Klasse der Unterofficiere besteht kein allgemeines Vorgesetztenverhältniss, doch sind die Unterofficiere, welche das Officiersseitengewehr tragen, ranghöher als diejenigen, welche das Seitengewehr der Mannschaften tragen. Der Feldwebel ist Vorgesetzter der seiner Compagnie angehörigen Unterofficiere. Das directe Vorgesetztenverhältniss wird durch Function begründet; directe Vorgesetzte sind für den Angehörigen des Heeres diejenigen Personen, denen er in Gemässheit der organischen Gliederung des Heeres zum Zweck der Empfangnahme aller Befehle, direct unterstellt ist. So sind directe Vorgesetzte des Gemeinen: die Officiere der betreffenden Compagnie, Escadron oder Batterie, der Bataillonskommandeur (Abtheilungskommandeur), der Regiments-, Brigade-, Divisions-, Corpskommandeur u. s. w.

*) Ueber den Begriff des »Vorgesetzten« vgl. Koppmann, Commentar S. 167, Hecker, Lehrbuch S. 186.

Ob der Vorgesetzte nur allgemeine Vorgesetzteneigenschaft hat, oder ob er directer Vorgesetzter ist, bleibt für den zum Gehorsam verpflichteten Untergebenen gleichgiltig; der Untergebene muss dem Befehl jedes Vorgesetzten Folge leisten — ob der Befehl von dem Corpskommandeur oder einem als »Vorgesetzter« z. B. in der Stellung des Stubenältesten fungirenden Gemeinen ertheilt wird, ist rechtlich ebenso ohne Bedeutung*).

Die auf dem Verhältniss der Subordination beruhende Organisation des Heeres fordert, dass sich die Unterordnung des Untergebenen unter die Befehle des Vorgesetzten nicht nur in den Beziehungen äussere, die direct die Leistung der täglichen militärdienstlichen Uebungen zum Gegenstand haben; zur Erzielung einer festen Disciplin, der »Seele der Armee«, ist es durchaus nothwendig, dass das Verhältniss der Unterordnung auch ausserhalb des Dienstes wahrnehmbar bleibt und berücksichtigt wird. Das Band der Disciplin, das für den Kampf Millionen Sinne in einen Sinn verbinden muss, erlangt die nöthige Festigkeit nur dadurch, dass in jedem einzelnen Angehörigen des Heeres, den es zu umschlingen bestimmt ist, durch stete unausgesetzte Uebung der Gehorsamspflicht das Gefühl erweckt und erhalten wird, dass der Gehorsam gegen alle Befehle des Vorgesetzten selbstverständlich, dass Ungehorsam undenkbar sei.

Jedem Menschen wird das Gefühl für den Gehorsam durch die Drohung einer Bestrafung des Ungehorsams anerzogen, aber wie das Kind, das eine vernünftige Erziehung genossen, schliesslich nicht mehr desshalb dem Befehl des Vaters gehorcht, weil es die Ruthe fürchtet, sondern weil ihm der Gehorsam gegen den Vater zur zweiten Natur geworden, so muss auch im Soldaten das Gefühl der Pflicht zum Gehorsam entwickelt und herangebildet werden. Dazu gehört aber, dass der Untergebene in und ausser Dienst an das Verhältniss der Unterordnung gewöhnt wird, dass er unter allen Verhältnissen den Befehlen der Vorgesetzten Folge leisten lernt. Die Erziehung des Soldaten besteht ja nicht allein darin, dass man den Mann in der Handhabung der Waffen unterrichtet und ihm beibringt, wie er sich auf dem Exercirplatz und im Gelände zu bewegen habe, die Erziehung muss vielmehr seine ganze Lebensweise umfassen. Käme es nur darauf an, dass eine Truppe bei der

*) Auch die Verschiedenheit des Truppentheiles und der Waffengattung ist ohne Einfluss.

Inspicirung einen »schönen« Parademarsch macht, und dass die Gewehrgriffe »klappen«, dann wären für die Ausbildung des Soldaten ein paar Monate vollkommen ausreichend und es würde der Staat ein Verbrechen begehen, wenn er die grosse Ueberzahl seiner kräftigen Jugend auf Jahre den Diensten des bürgerlichen Berufes entzöge. Lediglich die Ueberzeugung, dass ein richtiges und für das ganze zukünftige Leben andauerndes Gefühl für Disciplin nur durch lange fortgesetzte Uebung des Gehorsams anerzogen werden könne, rechtfertigt die Forderung einer mehrjährigen activen Dienstzeit im Heer*).

Wenn nun die militärische Erziehung die inner- und ausserdienstlichen Verhältnisse umfasst, so ergibt sich schon hieraus die Nothwendigkeit, dass der Untergebene auch in Bezug auf Angelegenheiten, die mit dem Dienste nicht direct in Zusammenhang stehen, den Befehlen des Vorgesetzten Gehorsam schulden muss. Insbesondere aber erscheint dies erforderlich, um unter so grossen, aus den verschiedensten Elementen zusammengesetzten Massen junger Leute, die Tag und Nacht in der Kaserne und auf dem Exercirplatz zusammenleben, die nothwendige Ordnung aufrecht erhalten zu können.

Unser Militärstrafgesetzbuch unterscheidet »Dienstbefehle« und »Befehle in Dienstsachen«; nach den Motiven (S. 80) sind letzteres Befehle eines dienstlich Vorgesetzten, welche eine Dienstangelegenheit betreffen, während Dienstbefehl jeder Befehl irgend eines Vorgesetzten ist, auch wenn er mit dem Dienst in keiner Verbindung steht.

Die Praxis führt diese Unterscheidung in sehr verschiedenartiger Weise durch: die preussischen Militärgerichte behandeln jeden Befehl irgend eines Vorgesetzten als Befehl in Dienstsachen, wenn er mit dem Dienst in directer oder indirecter Beziehung steht, während das bayerische Generalauditoriat annimmt,**) dass überhaupt nur directe Vorgesetzte Befehle in Dienstsachen ertheilen

---

*) Graf Moltke in den Verhandlungen des Deutschen Reichstags über den Entwurf eines Militärstrafgesetzbuches (Stenographische Berichte, I. Legislatur-Periode, III. Session 1872, Bd. II S. 815): ». . Diese militärische Erziehung, meine Herren, die ist ja auch der Grund, warum wir mit einer sehr kurzen Dienstzeit uns niemals einverstanden erklären können; denn die Disciplin kann nicht einexercirt werden, sie will eingelebt sein.«

**) Erkenntniss des bayerischen Generalauditoriats vom 29. Oktober 1884. Hecker, Lehrbuch des Militärstrafrechts S. 91 Anm. 1.

Koppmann, Commentar, Anm. 3 zu § 47 S. 166 und Anm. 4 zu § 92 S. 334 ff.

können.*) Die Unterscheidung ist nicht nur im Hinblick auf die Bestimmungen des § 47 von Bedeutung, sondern auch die §§ 92 bis 95 verlangen eine Berücksichtigung dieser Qualificirung. Nach § 92 ff. ist nämlich nur der Ungehorsam gegen »Befehle in Dienstsachen« mit Strafe bedroht, während Ungehorsam gegen »Dienstbefehle« lediglich — in Gemässheit des § 1 Ziffer 1 der Disciplinarstrafordnung — disciplinär bestraft werden kann.**)

Zunächst nun erscheint es doch nicht recht logisch, wenn die Motive jeden Befehl irgend eines Vorgesetzten als »Dienstbefehl« bezeichnen. Wenn z. B. ein Officier einem Soldaten in einem Wirthshausgarten den Befehl gibt, ihm ein Glas Bier zu holen, so ist schwer ersichtlich, was ein solcher Befehl für Beziehungen zum »Dienst« haben könnte — gleichwohl soll es ein »Dienstbefehl« sein. Es will hiemit durchaus nicht bestritten werden, dass der Vorgesetzte berechtigt sei, auch in seinen Privatangelegenheiten kleinere Verrichtungen einem Untergebenen aufzutragen, insbesondere der einem Officier zugewiesene Diener — der »Bursche« — hat ja direct die Verpflichtung, seinem Herrn Dienste zu leisten, die zum militärischen »Dienst« in keiner Beziehung stehen. Allein es geht nicht an, derartige Befehle, für deren Ausführung der Untergebene in den meisten Fällen auch bezahlt wird, als »Dienstbefehle« zu bezeichnen, man muss sie Privatbefehle oder besser »Befehle in Privatangelegenheiten« nennen. Es ergibt sich somit die Scheidung der Befehle in: Befehle in Dienstsachen, Dienstbefehle und Befehle in Privatangelegenheiten.

Der Werth der Unterscheidung von Dienstbefehlen und Befehlen in Dienstsachen ist fraglich, denn wenn einmal ein Untergebener von irgend einem Vorgesetzten einen Befehl bekommt, der auf den militärischen Dienst irgend welchen Bezug hat, so muss es unseres Erachtens hinsichtlich der Gehorsampflicht ganz irrelevant sein, ob

---

*) Hecker (Artikel »Befehl« in Stengel's Wörterbuch des deutschen Verwaltungsrechts S. 145) sagt »Betrifft der Befehl eine Dienstangelegenheit, so nennt man ihn Befehl in Dienstsachen, betrifft er eine solche nicht, hat aber der Vorgesetzte bei dem Befehl seine dienstliche Autorität eingesetzt, den Befehl in der erkennbaren Absicht erteilt, die Befolgung desselben als eine im Dienstverhältniss des Untergebenen enthaltene Pflicht zu verlangen, so nennt man ihn einen einfachen Dienstbefehl.«

**) Ist in dem Ungehorsam gegen einen Dienstbefehl zugleich eine »Achtungsverletzung« enthalten — und das wird man allerdings in den meisten Fällen leicht anzunehmen geneigt sein — so kann Bestrafung nach § 89 des Militär-Strafgesetzbuches eintreten.

der Befehl von einem directen Vorgesetzten gegeben war oder nicht. Gerade im Krieg wird es ja sicherlich sehr häufig vorkommen, dass ein Soldat von einem Vorgesetzten Befehle bekommt, der vielleicht einem ganz anderen Contingente angehört; der Untergebene wird gleichwohl ebenso gehorchen müssen, wie wenn er den Befehl von seinem eigenen Hauptmann erhalten hätte. Man sagt nun, dass in Fällen, wo ein nur allgemein Vorgesetzter einem Untergebenen einen Befehl ertheilen wolle, er sich durch ausdrückliche Erklärung in ein dienstliches Verhältniss zu diesem setzen könne; es ist aber nicht recht abzusehen, was eine derartige Fiction für einen Werth haben soll — der militärischen Disciplin entspricht es, dass jeder Untergebene jedem Vorgesetzten der Armee zu gehorchen hat. Dabei ist selbstverständlich, dass der Gehorsam dem an Rang oder Function höchst Stehenden geschuldet wird; Befehle niederer Vorgesetzter werden also durch Befehle höherer entkräftet. Der spätere Befehl geht im Allgemeinen dem früheren vor.*) Eine bestimmte Form ist für den Befehl — Befehl in Dienstsachen oder Dienstbefehl — nicht vorgeschrieben; der Befehl kann mündlich, schriftlich, durch Signale oder Zeichen ertheilt werden. Sobald der Befehl als »Befehl« überhaupt kenntlich ist, ist die Form gleichgiltig.**)

Der Befehl kann ferner ein specieller sein und sich nur auf eine bestimmte, sofort zu vollziehende Handlung beziehen, oder er kann ein allgemeiner in Instructionen, Reglements oder Verordnungen ausgesprochener sein, der militärische Dienstleistungen oder Standesführung u. s. w. überhaupt zu regeln bezweckt.***)

Aus dem Gesagten erhellt, dass es für den Untergebenen, insbesondere natürlich für den in militärischen Verhältnissen weniger erfahrenen Soldaten äusserst schwierig, ja unmöglich ist, den Unterschied zwischen »Befehl in Dienstsachen« und »Dienstbefehl« festzuhalten und sich in jedem Einzelfall klar zu werden, welchem von den beiden verschiedenen Arten der Befehle er gegenüber steht.

Da diese Unterscheidung nun auch eine militär-technische Berechtigung eigentlich gar nicht hat, erscheint es de lege ferenda zweckmässig, die Unterscheidung von Dienstbefehl und Befehl in Dienstsachen fallen zu lassen und nur mehr zwischen Dienstbefehlen und Befehlen in Privatangelegenheiten zu unterscheiden. Als erstere

---

*) Vgl. Herziening van het Militärstrafrecht. Entwurf ausgearbeitet von Mr. H. van der Hoeven S. 220.

**) Hecker (Artikel »Befehl« in Stengel's Wörterbuch) S. 145.

***) Koppmann, Commentar, S. 167, Anm. 3 und 4 zu § 47.

wären dann sämmtliche Befehle zu betrachten, welche mit dem militärischen Dienst in directer oder indirecter Beziehung stehen. Ob eine directe oder indirecte Beziehung eines Befehls zum Dienst gegeben ist, das lässt sich natürlich allgemein nicht bestimmen — die Entscheidung hierüber ist Thatfrage*).

Es wurde oben darzuthun versucht, dass der Beamte nur die Handlungen auf Befehl des Vorgesetzten ausführen müsse, die den im Dienstvertrag bedungenen Leistungen entsprechen. Die rechtliche Natur der Gehorsamspflicht bei weitem des grössten Theiles des unter dem Gesetze der allgemeinen Wehrpflicht gebildeten Heeres ist aber eine andere als die des Beamten; es erhebt sich damit die Frage, ob die Grenzen, welche oben für die Gehorsamspflicht des Beamten gezogen wurden, auch für den Soldaten, insbesondere für den seiner gesetzlichen Wehrpflicht Genüge Leistenden, als maassgebend zu erachten sind, oder ob die Gehorsamspflicht des Soldaten unbegrenzt, absolut ist.

---

Capitel 16.

## Die Grenzen der Gehorsamspflicht.

### A. Absoluter Gehorsam

Die Verpflichtung zu absolutem Gehorsam ist dann gegeben, wenn der Untergebene gegenüber allen Befehlen seiner Vorgesetzten, somit auch gegenüber denjenigen, von welchen er weiss, dass sie eine Verletzung der Rechtsordnung enthalten, zu gehorchen schuldig ist. Man gebraucht für die Bezeichnung des absoluten Gehorsams auch den Ausdruck »passiver« oder »blinder« Gehorsam; es bedeutet dies, dass der Untergebene sich in der Ausführung eines Befehls als passives, als blindes Werkzeug in der Hand des Vorgesetzten zu verhalten hat.

Der hohen Bedeutung der Disciplin wurde schon mehrfach Erwähnung gethan: sie ist es, die die regellose Volksmasse zum Heer macht. Die Disciplin besteht aber in der genauesten und gewissenhaftesten Befolgung aller Befehle des Vorgesetzten; vom höchsten Officier bis zum gemeinen Soldaten hat jedes Glied der Armee in gleicher Weise die Pflicht des Gehorsams. Wenn irgend

*) Vgl. Hecker, Civil- und Militärstrafrecht S. 60.

ein Vorgesetzter irgend einem Untergebenen einen Befehl ertheilt, so hat letzterer unter allen Umständen zu bedenken: Ich habe einen Befehl von meinem Vorgesetzten erhalten, ich habe die Pflicht, ihm Folge zu leisten. Und wenn dem Untergebenen überhaupt der Gedanke an directen Ungehorsam aufsteigt, so wird ihm gleichzeitig die Strafe für die Verletzung der Subordination drohend vorschweben.

Was den Untergebenen zum Gehorsam stets bewegen muss, ist die unbedingte Achtung des Vorgesetztenverhältnisses; der Untergebene muss an dieses Gefühl der Achtung so gewöhnt sein, dass er jedem Befehl seines Vorgesetzten gegenüber die Gesetzmässigkeit desselben voraussetzt.

Die vom Heer geforderten Leistungen bedingen — insbesondere natürlich im Feld vor dem Feinde — eine rasche und pünktliche Ausführung aller von der obersten Leitung erlassenen Befehle*). Im Kriege hiesse es geradezu auf jeden Erfolg verzichten, wenn man dem Untergebenen eine Kritik der Befehle des Vorgesetzten gestatten wollte. Absichten der höheren Führung, Nachrichten über den Feind und die momentane Gefechtslage dictiren diese Befehle. Wie kann der über alle diese Punkte nicht Informirte dieselben beurtheilen?

Nach den Grundsätzen des modernen Kriegsrechtes ist im Kriege nicht jede Schädigung des Feindes und seiner Rechtsgüter gestattet; es ist im Gegentheil Princip, dass dem nichtkämpfenden Angehörigen des feindlichen Staates nur diejenigen Verletzungen seiner Rechtsgüter zugefügt werden dürfen, die zur Erreichung des Kriegszweckes nothwendig sind**). Das Niederbrennen eines Gebäudes, die Wegnahme von Eigenthum nichtkämpfender Bürger kann auf Grund der Bestimmungen des Militärstrafgesetzbuches das eine Mal als strafbare Handlung anzusehen sein***), das andere Mal als durchaus rechtmässig gelten müssen. Die Grenze zwischen strafbarer und rechtmässiger Verletzung wird allein durch die Noth-

---

*) Berner, Lehre von der Theilnahme, S. 281: ». . . die That und Schnellkraft eines Heeres (besteht) wesentlich in der telegraphischen Geschwindigkeit, mit welcher der Wille des Befehlenden sofort zur Gesammthat grosser Massen von Individuen umschlägt.«

**) Vgl. insbesondere Lueder in Holtzendorff's Handbuch des Völkerrechts Bd. IV S. 264ff.

***) Vgl. §§ 127—136 des Militärstrafgesetzbuches.

wendigkeit gezogen: alle Verletzungen, welche für die Erreichung des Kriegszweckes nothwendig sind, sind erlaubt.

Die Entscheidung im concreten Falle steht demjenigen zu, welchem in seinem Commando die Mittel zur Beurtheilung der Verhältnisse gegeben sind.

Aber nicht nur im Krieg, auch im Frieden sind Fälle möglich, wo das Militär berechtigt ist, fremde Rechtsgüter zu verletzen. Man denke hier insbesondere an das Recht des Militärs zum Waffengebrauch zur Unterdrückung innerer Unruhen, an das Recht der vorläufigen Festnahme von Personen*). Auch hier ist der Untergebene oftmals nicht in der Lage, die Gründe und Zwecke der Befehle des Vorgesetzten beurtheilen zu können; er muss desshalb die Prüfung der Voraussetzungen der Befehle den zuständigen Vorgesetzten überlassen und sich selber darauf beschränken, die erhaltenen Befehle entsprechend auszuführen.

Aus allen diesen Erwägungen liegt es gewiss sehr nahe, wenn man der Ansicht zu huldigen geneigt ist, dass für das Militär der Grundsatz der absoluten Gehorsamspflicht gelten müsse, dass somit der Untergebene verpflichtet sei, allen Befehlen seiner Vorgesetzten »blind« Folge zu leisten**).

Wie oben erörtert, hatte der Grundsatz der absoluten Gehorsamspflicht zwar nicht nach römischem, wohl aber nach germanischem Recht Geltung; ebenso stand und steht noch heute das Militär-

---

*) Vgl. van Calker, Das Recht des Militärs zum administrativen Waffengebrauch. München 1888.

**) Brauer verlangt absolute Gehorsamspflicht des Soldaten; er sagt Gerichtssaal Bd. VIII S. 396: »Will man ein disciplinirtes, an Subordination gewöhntes Kriegsheer haben, so muss man den Grundsatz des blinden Gehorsams unbedingt aufstellen.« Brauer (a. a. O. S. 395) hält den Untergebenen auch dann z. B. zum Gehorsam für verpflichtet, »wenn der Vorgesetzte dem Untergebenen befiehlt, ihm den Reisenden zum Zwecke seiner Beraubung festzuhalten«.

Vgl. ferner Damianitsch, Studien, S. 74: »Es hat die Ansicht Brauer's, wornach der Grundsatz des unbedingten Gehorsams ausnahmslos anzuerkennen und für den so seltenen Fall einer Verleitung von Untergebenen zur Untreue durch ihre eigenen Vorgesetzten dem gesunden Takte der Mannschaft und der Gewalt der Umstände zu vertrauen wäre, Vieles für sich.«

Jagemann und Brauer, Criminallexicon (Erlangen 1854), Artikel »Befehl« S. 85 ff.

Hecker, Civil- und Militärstrafrecht S. 59.

Rüdorff, Textausgabe des Militärstrafgesetzbuches für das Deutsche Reich (2. Aufl., herausgegeben von Solms) Anm. zu § 47 S. 50.

strafrecht der schweizerischen Eidgenossenschaft auf diesem Standpunkt*).

Dass man auch in Preussen zum mindesten bis zur Einführung des Strafgesetzbuches von 1845 dem Princip des absoluten Gehorsams huldigte, ist zwar aus Gesetzen oder Verordnungen nicht direct zu erweisen, ergiebt sich jedoch mit ziemlicher Deutlichkeit aus manchen allgemeinen Reglements und Instructionen**). Auch der durch den § 71 des preussischen Militärstrafgesetzbuches im Zusammenhalte mit der in der Allerhöchsten Cabinetsordre vom 27. März 1860 gegebenen authentischen Interpretation begründete Rechtszustand ist von dem Princip des absoluten Gehorsams nicht allzu weit entfernt; doch ist hier immerhin durch das Gesetz eine — wenn auch sehr weite — Grenze der Gehorsamspflicht gezogen. Dasselbe gilt für den I. Entwurf des Militärstrafgesetzbuches für das Deutsche Reich.

Die Gründe, welche gegen die Aufstellung des Princips der absoluten Gehorsamspflicht sprechen, sind nun unseres Erachtens weit schwerwiegender als diejenigen, welche für dies Princip vorgebracht werden können.

Es erhebt sich die Frage: Ist es überhaupt zweckmässig, dem Untergebenen die Pflicht aufzuerlegen, jeden Befehl »blind« auszuführen? Gewiss nicht! Denn schon im Frieden und insbesondere im Kriege ändern sich die Verhältnisse zwischen Befehlsgebung und Befehlsausführung oft derart, dass der Vollzug des gegebenen

---

*) Vgl. Militär-Strafgesetzbuch von Hessen-Darmstadt § 29: »Wenn ein Vorgesetzter seine Gewalt soweit missbrauchen könnte, dass er dem Untergebenen einen Dienstbefehl ertheilte, durch welchen derselbe zur Begehung einer strafbaren Handlung genöthigt würde, so ist der Vorgesetzte für die Folgen eines solchen Befehls allein verantwortlich.«

Ferner Militär-Strafgesetzbuch von Nassau § 51, von Schaumburg-Lippe § 13, von Coburg-Gotha § 20.

**) Rüdorff, Textausgabe, S. 50: Die Bestimmung der Ziffer 2 § 47 »durchbricht das Grundprincip der militärischen Disciplin, den unbedingten Gehorsam, indem es den Untergebenen berechtigt, jeden Befehl in Dienstsachen einer Prüfung zu unterziehen. Die Schädigung, welche durch Aufnahme dieser Bestimmung der Armee angethan worden ist, kann unter Umständen viel gewichtiger sein, als der Verstoss gegen strafrechtliche Principien, den man hat vermeiden wollen. Der allein richtige Grundsatz, welcher auch hier hätte zur Anwendung kommen sollen, ist in der Allerh. Cabinetsordre vom 11. Mai 1821 ausgesprochen, in der der Gehorsam als erste Pflicht des Soldaten hingestellt und der befehlende Vorgesetzte für die Folgen seiner Befehle rücksichtslos und allein verantwortlich gemacht wird«.

Befehles die grössten Nachtheile zur Folge haben würde. In diesem Falle muss der Untergebene nach seinem besten Wissen prüfen, ob der Vorgesetzte, wenn ihm die derzeitige Lage bekannt wäre, seinen Befehl nicht abändern oder zurücknehmen würde. Haben sich die Verhältnisse offenbar geändert, so muss der Untergebene die Durchführung des Befehls den veränderten Verhältnissen anpassen. Man verlangt von jedem Soldaten, dass er nichts beginne, was als direct zweckwidrig, als unvernünftig erscheint; man verlangt vom Untergebenen, dass er »sieht«, wenn er einen Befehl ausführt, er darf nicht »blind« sein — Verletzungen der Rechtsordnung gegenüber will man ihn als mit Blindheit geschlagen betrachten! Da soll der Untergebene lediglich das sehen, was der Vorgesetzte von ihm gesehen wissen will, da soll er handeln wie eine Marionette, die an Drähten geführt wird, da soll er das Bischen Vernunft und Gefühl für Recht von sich werfen und sich als willenloses Werkzeug fühlen in der Hand des Vorgesetzten!

Man denke doch die Consequenzen des absoluten Gehorsams nur durch! Warum soll da z. B. nicht ein Vorgesetzter auf der Strasse einmal seinem Untergebenen den Befehl geben können, den nächsten besten friedlich Vorübergehenden niederzuschiessen? Warum sollte nicht der Untergebene willig gehorchen, wenn ihm der Vorgesetzte befiehlt, den König zu tödten?*)

Führwahr, die Bezeichnung »blinder« Gehorsam ist ungemein treffend! Denn wenn der Soldat jede Verletzung der Moral und des Rechtes auf Befehl seiner Vorgesetzten ausführen muss, so ist's allerdings recht gut, wenn er nicht »sieht«. Könnte er sehen, so müsste er ja zurückschrecken vor dem Bilde, das den Erfolg seines Handelns zeigt! Es widerspricht jedem Gefühl für Moral und Recht, wenn man den Menschen verpflichtet, eine Handlung auszuführen, die er als verbrecherisch erkannt hat**). Es ist direct widersinnig, wenn man den Menschen der Verantwortlichkeit für seine Handlungen entkleiden will.

*) Binding, Handbuch des Strafrechts Bd. I S. 115: »Deckt der Befehl den Untergebenen auch dann, wenn dieser die Verbrecherischkeit der Handlung einsieht, so ist, wie die Extreme sich so oft berühren, die blindeste Unterwerfung unter die Disciplin zugleich die volle Anarchie des Rechts.«

Vgl. Ortolan, Eléments, T. I S. 193.

**) Vgl. P. Rossi, Trattato di diritto Penale, C. XIII S. 343.

Boitard, Lezioni sul Codice penale p. 331.

Chauveau et Hélie, Théorie T. II S. 271 ff.

Binding, Normen Bd. II S. 470 f

Dass es für den Untergebenen in manchen Fällen recht bequem*) ist, wenn er gar nicht darüber nachzudenken braucht, ob die ihm befohlene Handlung vom Gesetz erlaubt ist oder nicht, das unterliegt ja keinem Zweifel; ob aber die Möglichkeit einer schnelleren Durchführung aller Befehle, die unter der Geltung des Princips des absoluten Gehorsams thatsächlich vorhanden ist, die enorme Gefahr aufzuwiegen vermag, die für Volk und Heer in der durch dies Princip begründeten Macht der Militärvorgesetzten liegt — diese Frage zu Gunsten des Princips des absoluten Gehorsams zu bejahen, vermögen wir nicht.

---

## Capitel 17.

### B. Beschränkter Gehorsam.

Man hat zu allen Zeiten erkannt, dass das Princip des absoluten Gehorsams den allgemeinen Rechtsgrundsätzen widerspricht und es wurde desshalb von jeher versucht, durch Beschränkungen der Gehorsamspflicht diesen Widerspruch zu mildern. Hiebei ging man jedoch stets von dem Gedanken aus, dass jede Beschränkung der Gehorsamspflicht eine Gefährdung der für die Erhaltung eines kraftvollen Heeres durchaus nothwendigen Disciplin mit sich bringe. Um nun, ohne die Disciplin zu gefährden, den allgemeinen Grundsätzen des bürgerlichen Strafrechtes auch im Militärstrafrecht, wenn nicht Geltung zu verschaffen, so doch einige Concessionen zu machen, sind diese Beschränkungen zum Theil in einer eigenthümlichen Weise erfolgt. Wir denken hier insbesondere an die Begrenzung, die die Gehorsamspflicht in Gemässheit der Allerhöchsten Cabinetsordre vom 27. März 1860 im preussischen Militärstrafrecht gefunden.

Der § 71 des Preussischen Militärstrafgesetzbuches trifft, wie das Militärstrafgesetzbuch für das Deutsche Reich nur über die Verantwortlichkeit für den Vollzug von Befehlen in Dienstsachen Bestimmungen. Befehl in Dienstsachen ist aber, wie schon oben erwähnt, nach der preussischen Praxis jeder Befehl irgend eines Vorgesetzten, wenn er mit dem Dienst in directer oder indirecter Beziehung steht.

Einem derartigen Befehl gegenüber hört die Gehorsamspflicht des Untergebenen nur dann auf, wenn ihm bekannt war, dass

---

*) Hecker, Lehrbuch S. 92, sagt, dass der § 47 »den Soldat in die unbequeme Lage versetze, den Befehl einer Prüfung unterziehen zu müssen«.

die befohlene Handlung sich als gemeines Verbrechen oder als ein militärisches Verbrechen, das eine Verletzung der militärischen Treue enthält, darstellt.

Der Untergebene ist dagegen auch dann zu gehorchen schuldig, wenn ihm bekannt ist, dass der Befehl eine Handlung zum Gegenstand hat, die sich als militärisches Verbrechen, das eine Verletzung der militärischen Treue nicht in sich schliesst, charakterisirt. Eine Verletzung der militärischen Treue liegt in jeder Handlung, welche mit den durch den Fahneneid übernommenen Pflichten in Widerspruch steht. Diese Pflichten sind »Treue und Gehorsam gegen den König und alle militärische Vorgesetzte.« Die Treupflicht enthält die Verpflichtung zum Schutz der Fahne. Einer Verletzung der militärischen Treue macht sich somit derjenige schuldig, der seine Fahne verlässt, und der den Gehorsam weigert.

Die Grenzen der Gehorsamspflicht sind also in der Weise gezogen, dass der Untergebene principiell auch dem Befehl zu einer strafbaren Handlung Folge leisten muss, dass aber die Gehorsamspflicht aufhört, wenn es dem Untergebenen bekannt ist, dass der Vorgesetzte durch den Befehl die Begehung eines gemeinen Verbrechens oder Ungehorsams gegen die Befehle des Königs oder anderer Vorgesetzter oder Fahnenflucht fordert.

Gegenüber Dienstbefehlen — Befehlen, welche mit dem Dienst weder in directer noch auch nur in indirecter Beziehung stehen — hört die Gehorsamspflicht auf, wenn der Untergebene weiss, dass die befohlene Handlung durch irgend ein Strafgesetz mit Strafe bedroht ist.

Dass das in dieser Begrenzung der Gehorsamspflicht liegende Princip den allgemeinen Rechtsgrundsätzen wenig entspricht, liegt auf der Hand: der Untergebene ist Handlungen zu begehen schuldig, die offensichtlich eine schwere Verletzung der Rechtsordnung enthalten. Der Mensch wird damit zur Maschine herabgewürdigt; er verliert das Recht als moralisches Wesen.

Das eben erörterte Princip unterscheidet sich offenbar nur sehr wenig von dem Grundsatz des absoluten Gehorsams — damit wird unseres Erachtens jede weitere Kritik unnöthig.

Dies gilt in noch höherem Grade für das im § 58 des Entwurfs eines Militärstrafgesetzbuches für das Deutsche Reich ausgesprochene Princip. Hier ist die Gehorsamspflicht gegenüber Befehlen in Dienstsachen nur durch die Pflicht der militärischen Treue begrenzt; alle strafbaren Handlungen, mögen sie nun militärische oder gemeine Verbrechen oder Vergehen sein, muss der Untergebene auf Befehl seines Vorgesetzten ausführen, wenn er nicht der Ansicht ist, dass diese Handlungen eine Verletzung der militärischen Treue in sich schliessen.

Glücklicherweise wurde das im § 58 enthaltene Princip der Gehorsamspflicht als mit den Grundsätzen des modernen Strafrechts nicht mehr harmonirend von der Commission des Reichstags verworfen. Der Paragraph wurde durch den Text ersetzt, den wir heute als § 47 in unserem Militärstrafgesetzbuch finden.

Wir müssen nun, bevor wir auf die Betrachtung der Bestimmungen dieses Paragraphen eingehen, den Versuch machen, für die weitere Behandlung der speciell militär-rechtlichen Verhältnisse allgemeine Richtungspunkte aus den Grundsätzen des bürgerlichen Rechtes zu suchen. Zu diesem Zwecke greifen wir auf das oben über die Gehorsamspflicht des Beamten Gesagte kurz zurück:

Der Beamte ist zum Gehorsam verpflichtet, wenn die Competenz des Vorgesestzten zur Ertheilung, die Competenz des Untergebenen zur Befolgung des Befehls gegeben und der Befehl in der gesetzlichen Form erlassen ist. Grundlage dieser Begrenzung der Gehorsamspflicht ist das Recht des Untergebenen zur Prüfung der Competenz des Vorgesetzten zur Ertheilung, seiner Competenz zur Ausführung und zur Prüfung der Gesetzmässigkeit der Form des Befehls. Ist das Resultat dieser Prüfung ein positives, so erscheint der betreffende Befehl als rechtsverbindlich. Der Untergebene muss dem Befehl Folge leisten und er bleibt desshalb für die Ausführung desselben straflos.

Und nun müssen wir eine Ansicht aussprechen, die geeignet erscheinen könnte, den um die Aufrechthaltung der Disciplin in unserem Heer Besorgten schwer zu erschrecken und ihn zu veranlassen, unsere Untersuchungen als den Untergang der Subordination heraufbeschwörende zu verdammen: Wir haben die Ueberzeugung, dass die Grundsätze über die Begrenzung der Gehorsamspflicht des Beamten principiell auch im Militärstrafrecht Geltung haben müssen, wir haben die Ueberzeugung, dass eine grundsätzliche Verschiedenheit in der Beurtheilung der strafrechtlichen Verantwortlichkeit für die auf Befehl des Vorgesetzten begangenen strafbaren Handlungen zwischen Militär- und Civilstrafrecht nicht bestehen darf.

Aber der um die Aufrechthaltung der Disciplin Besorgte braucht nicht zu erschrecken: In der Anwendung und Anpassung auf die militärischen Verhältnisse thut unser Satz der militärischen Subordination nicht weh.

Die dem Militär zugewiesenen Aufgaben sind andere als die dem Beamten im Allgemeinen obliegenden und auch die hierarchische Organisation ist zum Theil eine andere.

Die Thätigkeit des Soldaten ist nicht wie die des Beamten gesetzlich mehr oder minder genau geregelt und eingegrenzt, sie umfasst vielmehr alle Verrichtungen, welche zur allgemeinen und speciellen technischen Ausbildung im militärischen Beruf nothwendig sind, sie umfasst auch die Verrichtungen, welche die »Haushaltung«, das militärische Zusammenleben in den Kasernen und die innere Verwaltung der Truppe erfordert*).

Die dienstliche Thätigkeit des Soldaten ist also eine viel umfangreichere und unbegrenzbarere als die des Beamten.

Auch die Thätigkeit des Vorgesetzten als solchen und die dieser Thätigkeit entsprechende Befehlsgewalt ist nicht in der Weise, wie dies beim Beamten der Fall ist, im Vornhinein genau begrenzt, denn wenn auch im Allgemeinen jeder Stellung eine bestimmte Aufgabe zugewiesen ist, so ist die Competenz doch nicht eine der Art ausschliessende, dass nicht einmal ein Vorgesetzter eine Handlung anordnen könnte, die zu befehlen für gewöhnlich ein anderer Vorgesetzter zuständig erscheint.

Insbesondere kommt es beim Militär viel häufiger als im Beamtenorganismus vor, dass ein höherer Vorgesetzter in den gewöhnlichen Geschäftskreis eines niederen Vorgesetzten eingreift und eingreifen muss.

Es wäre nun mit den nothwendigen Forderungen der Disciplin durchaus unvereinbar, und würde jede militärische Action unmöglich machen, wenn der Untergebene berechtigt wäre, bei jedem Befehl, den er erhält, zu untersuchen, ob derselbe in dem gewöhnlichen Geschäftskreis seines Vorgesetzten liegt oder nicht und wenn von dem Resultat dieser Prüfung die Gehorsamspflicht abhängen

*) Vgl. Laband, Staatsrecht Bd. II. S. 644: »Worin der Inhalt dienstlicher Befehle bestehen kann, ist nicht rechtlich bestimmt, sondern durch thatsächliche Umstände, technische Rücksichten, durch das Interesse an der Ausbildung der Soldaten, die Sicherheit, Ordnung, Sparsamkeit der Verwaltung u. s. w. bedingt. Man kann nicht angeben, zu welchen einzelnen Leistungen der bei den Fahnen befindliche Soldat rechtlich verpflichtet sei; seine Gehorsamspflicht ist vielmehr eine inhaltlich unbegrenzte; er muss jedem dienstlichen Befehl des Vorgesetzten nachkommen, so weit er es vermag.«

»Das Rechtsverhältnis zwischen dem seine active Dienstpflicht erfüllenden Unterthan und der Staatsgewalt ist lediglich durch den Satz gegeben, dass der erstere allen dienstlichen Befehlen Gehorsam schuldig ist.«

würde. Was der Untergebene prüfen kann, ist: ob der Befehl eine Handlung fordert, die zum »Dienst« in Beziehung steht.

Steht die Handlung zum Dienst in Beziehung, ist der Befehl also »Dienstbefehl« in diesem Sinne, dann ist vom Standpunkte des Untergebenen aus, die Frage nach der Competenz des Vorgesetzten zur Ertheilung und seiner Competenz zur Ausführung erledigt: die Competenz ist in beiden Richtungen gegeben.

Folge hievon ist, dass der Untergebene jedem Befehl eines Vorgesetzten gegenüber nur zu prüfen hat: Ist der gegebene Befehl »Dienstbefehl«, d. h. verlangt er von mir die Ausführung einer Diensthandlung? Bejaht er sich diese Frage, so ist der Befehl für ihn rechtsverbindlich, er hat demselben zu gehorchen.

Wie steht es nun mit der Gehorsamspflicht gegenüber einem auf die Begehung einer strafbaren Handlung lautenden Befehl?

Nicht nur im Kriege, sondern auch zur Friedenszeit besteht für den Soldaten die Möglichkeit, unter gewissen Umständen berechtigterweise auf Befehl Rechtsgüterverletzungen vorzunehmen. Dies Recht ist dasselbe, das für die öffentlichen Sicherheitsorgane besteht, zu deren Unterstützung das Militär berufen ist*).

Das Militär hat so zunächst die Aufgabe, im ordentlichen Sicherheitsdienst, im Garnisonsdienst, zur Aufrechthaltung der öffentlichen Ordnung, Ruhe und Sicherheit mitzuwirken. Nicht selten sind die im Sicherheitsdienst stehenden Mannschaften veranlasst zur Erfüllung der ihnen zum Zweck der Aufrechthaltung der Sicherheit ertheilten Befehle von ihrer Waffe Gebrauch zu machen.

Wenn hiedurch eine schwerere Verletzung einer Person herbeigeführt wird, so ist man im grossen Publikum oft leicht geneigt, eine strenge Bestrafung des Soldaten zu erwarten — in den meisten Fällen aber hat in Gemässheit der gepflogenen Erhebungen eine Bestrafung überhaupt nicht einzutreten, weil constatirt wird, dass der Soldat instructionsgemäss gehandelt hat.

Wenn z. B. eine Militärpatrouille eine Person bei Begehung eines Verbrechens ergriffen und vorläufig festgenommen hat, so sind die Mannschaften der Patrouille berechtigt für den Fall, dass der Festgenommene einen Fluchtversuch macht, zur Verhinderung

---

*) Vgl. van Calker, Das Recht des Militärs zum administrativen Waffengebrauch. S. 10 ff.

G. Meyer, in Stengels Wörterbuch Bd. II S. 848. Artikel »Waffengebrauch«.

seiner Flucht von der Waffe Gebrauch zu machen*). Es kann desshalb, wenn der Entflohene durch einen Schuss getödtet wird, den Thäter keine Strafe treffen, da er in Gemässheit eines für ihn rechtsverbindlichen Befehls — der Instruction über den Waffengebrauch — gehandelt hat.

Ausser der Verwendung im ordentlichen Sicherheitsdienst hat das Militär auch die Aufgabe, bei bedeutenderen inneren Unruhen Personen und Sachen vor Angriffen durch Volksmassen zu schützen und die technische Sicherheitstruppe bei der Wiederherstellung der öffentlichen Ordnung zu unterstützen**). Hiebei wird die einschreitende Militärabtheilung oftmals gezwungen, gegen die Volksmenge von der Waffe Gebrauch zu machen, wodurch natürlicherweise Verwundungen verursacht werden.

Die Verantwortlichkeit bei einem derartigen Einschreiten trägt der Befehlshaber der Truppe — die Mannschaften haben seinem Befehl unbedingt Folge zu leisten — in der Weise, dass er insolange für die entstandenen Verletzungen nicht bestraft werden kann, als die von ihm getroffenen Maassregeln seinen dienstlichen Vorschriften entsprechen.

Mit den angeführten Beispielen sind die am häufigsten vorkommenden Fälle berechtigter Rechtsgüterverletzungen bezeichnet.

Ausserdem sind Fälle denkbar, wo Soldaten z. B. Sachbeschädigungen — Niederreissung von Hecken bei grösseren Felddienstübungen, Beschädigung von Wiesen und Feldern durch Anlegung von Schützengräben — auf Befehl vorzunehmen haben. Bei allen derartigen Rechtsgüterverletzungen handelt der diese Maassregeln Anordnende rechtmässig, wenn er dieselben in Gemässheit der ihm ertheilten Vorschriften befiehlt und der dem Befehl Folge Leistende handelt rechtmässig, wenn er die Rechtsgüterverletzungen in Gemässheit des Befehles ausführt.

Diese selben Rechtsgüterverletzungen können nun aber auch vom Vorgesetzten nicht mit dem Willen, im Interesse des militärischen Dienstes zu handeln, sondern in der Absicht, verbrecherische Zwecke zu verfolgen, angeordnet werden. So kann z. B. der Führer einer Sicherheitspatrouille seiner Begleitmannschaft die Festnahme

---

*) Preussisches Gesetz »Ueber den Waffengebrauch des Militärs« vom 20. März 1837 § 4.

Bayrische Dienstinstruction vom 5. April 1885 § 2c.

van Calker, a. a. O. S. 32 ff.

**) van Calker, a. a. O. S. 17 ff.

einer Frauensperson befehlen, in der Absicht, die Festgenommene geschlechtlich zu missbrauchen. Hier wird die Ausführung der vorläufigen Festnahme, zu der der Patrouillenführer unter gewissen Voraussetzungen berechtigt ist, gesetzwidrig. Nun steht natürlich keinem militärischen Vorgesetzten das Recht zu, von seiner Dienstgewalt zu verbrecherischen Zwecken Gebrauch zu machen; eine die Begehung eines Verbrechens bezweckende Handlung kann keine Diensthandlung, ein auf diese Handlung gerichteter Befehl kann objectiv kein Dienstbefehl sein. Die Anordnung dieser concreten Handlung liegt desshalb auch nicht in der Zuständigkeit des Vorgesetzten.

Aus diesem Grunde würde es an sich genügen, eine Bestimmung aufzustellen, dass der Untergebene dann, wenn der Vorgesetzte eine Rechtsgüterverletzung befiehlt, zu prüfen habe, ob der Vorgesetzte zu diesem Befehl zuständig sei. Die Prüfung müsste dann gegenüber dem auf eine strafbare Handlung lautenden Befehl ergeben, dass dem Vorgesetzten zur Anordnung dieser Verletzung die Zuständigkeit fehle, weil dieselbe sich nicht als Diensthandlung qualificire.

Allein wie es dem untergebenen Beamten nicht gestattet sein kann, zu prüfen, ob die gesetzlichen Voraussetzungen für einen Befehl gegeben seien, so kann noch viel weniger dem Soldaten das Recht der Prüfung der Befehle seines Vorgesetzten nach deren Voraussetzungen eingeräumt werden.

Nun besteht für den Führer einer Sicherheitspatrouille im allgemeinen die Zuständigkeit, unter gewissen gesetzlich normirten Voraussetzungen eine vorläufige Festnahme vorzunehmen; ob diese Voraussetzungen gegeben sind, hat nur der Führer zu prüfen, seinen Begleitmannschaften steht eine derartige Prüfung nicht zu. Für sie erscheint also der auf die Festnahme gerichtete Befehl des Vorgesetzten, da derselbe innerhalb seiner Zuständigkeit erfolgt als »Befehl in Dienstsachen«.

Vom Standpunkte des Untergebenen kann also auch ein auf die Begehung einer strafbaren Handlung gerichteter Befehl formell als Dienstbefehl erscheinen um deswillen, weil der Untergebene die Voraussetzungen des Befehls nicht zu prüfen hat.

Unseres Erachtens muss nun aber dem Untergebenen unbedingt das Recht zugestanden werden, wenn der Vorgesetzte ihm die Begehung einer Rechtsgüterverletzung befiehlt, zu prüfen, ob dieser Befehl einen dienstlichen und damit erlaubten Zweck oder ob er einen verbrecherischen Zweck verfolgt. Ist letzteres offensichtlich der Fall, dann muss der Untergebene berechtigt und bei eigener Verantwortlichkeit verpflichtet sein, den Gehorsam zu weigern.

Wie verhalten sich zu dem hier Ausgeführten nun die Bestimmungen in § 47 unseres Militärstrafgesetzbuches?

In Gemässheit des § 47 schuldet der Untergebene Befehlen »in Dienstsachen« insolange Gehorsam, als ihm nicht bekannt ist, dass der Vorgesetzte durch sie die Begehung einer als Verbrechen oder Vergehen strafbaren Handlung bezweckt.

Wenn man den ersten Satz des Paragraphen: »Wird durch die Ausführung eines Befehls in Dienstsachen ein Strafgesetz verletzt, so ist dafür der befehlende Vorgesetzte allein verantwortlich« liest, so wird man natürlich etwas an den Grundsatz vom absoluten Gehorsam erinnert, — allein der Absatz 2 zieht der Unverantwortlichkeit des Untergebenen und damit seiner Gehorsamspflicht viel engere Grenzen. Nur »Uebertretungen« muss der Untergebene auf Befehl seines Vorgesetzten begehen, denn nur für diese Verletzungen der Rechtsordnung soll er stets unverantwortlich sein.

Unser Strafgesetzbuch zieht also die Grenzen der Gehorsamspflicht und der Verantwortlichkeit nach der »Schwere« der strafbaren Handlung, welche der Befehl bezweckt.

Dies Princip ist nicht neu; wir finden es vertreten in den Vorgängern unseres Strafgesetzbuches, im preussischen Militärstrafgesetzbuch von 1845, im sächsischen von 1867, im bayerischen von 1869, ja wir finden es schon in Geltung lange Zeit bevor ein preussischer Unterofficier seinen Grenadieren »stramme Gewehrgriffe eindrillt« — im römischen Recht: »Ad ea, quae non habent atrocitatem facinoris vel sceleris ignoscitur servis, si . . . dominis . . . obtemperaverint.«*)

Der Gedanke, der diesem Princip zu Grunde liegt, ist wohl folgender: Bei »Uebertretungen« tritt der rechtsverletzende Charakter der Handlung zumeist nicht in so evidenter Weise zu Tage, dass dem Untergebenen sofort und unter allen Umständen diese Eigenschaft der Handlung zum Bewusstsein kommt. Und selbst wenn der Untergebene die Gesetzwidrigkeit erkennt, so ist die Verletzung, welche er hier auf Befehl seines Vorgesetzten begehen muss, eine so geringfügige, dass es zweckmässiger ist, ihn diese Handlung straflos begehen zu lassen, als ihn zu berechtigen, einem Befehl

*) L. 157 pr. D d. R. J. 50. 17.

seines Vorgesetzten ungehorsam zu sein. Die Schädigung, welche die Disciplin erleiden würde, wiegt hier höher als die Verletzung der Rechtsordnung.*)

Wir würden keinen Anstand nehmen, diesen Gedankengang und die ihm entsprechenden Consequenzen für die Feststellung der Grenzen der Gehorsamspflicht als berechtigt anzuerkennen, wenn wir uns von seiner unbedingten Zweckmässigkeit überzeugen könnten. Der Satz des § 47, dass der Untergebene für Uebertretungen, auch wenn er den rechtsverletzenden Charakter der Handlung kennt, stets unverantwortlich sein soll, ist immerhin eine Abnormität, eine Abweichung von den allgemeinen Rechtsgrundsätzen, die nur dann gerechtfertigt ist, wenn sie unumgänglich nothwendig erscheint. Die Abweichung müsste dann als nothwendig erachtet werden, wenn die Einhaltung der allgemeinen Grundsätze eine Schädigung der Disciplin bedingen würde. Dies ist aber unserer Ueberzeugung nach keineswegs der Fall. Im Gegentheil. Weiss der Untergebene, dass der Vorgesetzte durch seinen Befehl nicht etwa eine im Interesse des Dienstes nothwendige Rechtsgüterverletzung, sondern vielmehr eine den Interessen des Dienstes stets widersprechende strafbare Handlung bezweckt, so kann die Thatsache, dass er auch einem solchen Befehl Folge leisten muss, sein Gefühl für Disciplin nur schädigen. Es ist ja selbstverständlich, dass der Soldat jedem Befehl gegenüber zunächst annehmen muss, der Vorgesetzte handle innerhalb seiner dienstlichen Befugnisse, und der gegebene Befehl bezwecke eine rechtlich erlaubte Handlung. Der Untergebene wird zu dieser Annahme und zu entsprechender Gehorsamsleistung immer geneigt sein — schon mit Rücksicht auf die drohende Strafe für allenfallsigen Ungehorsam. Wenn es ihm nun aber direct bekannt ist, dass der Vorgesetzte mit seinem Befehl keine Diensthandlung, sondern dass er eine vom Gesetz verbotene Handlung bezweckt, so widerspricht es dem Gefühl für Moral und Recht, auch hier Gehorsam zu verlangen. Einerseits wird durch jede Begehung einer strafbaren Handlung das dienstliche Interesse geschädigt, andererseits muss der Untergebene, der bestraft worden ist, weil er einem Befehl zu einer von ihm als strafbar erkannten Handlung nicht Folge geleistet hat, entweder sich in seinem Gefühl für Recht empören, oder er muss in diesem Gefühl abgestumpft werden — beides ist — auch für die militärischen Interessen — gleich schädlich.

---

*) Vgl. Binding, Handbuch des Strafrechts Bd. I S. 805.

Ebenso kann es keinem Zweifel unterliegen, dass es als Verletzung des Princips der Gerechtigkeit empfunden werden muss, wenn ein Mensch, der eine strafbare Handlung mit vollem Bewusstsein ihrer Strafbarkeit begangen hat, straflos bleibt.

Es fragt sich nun, wie sich das Interesse der Aufrechthaltung der Disciplin mit der Einhaltung der allgemeinen Grundsätze des Strafrechts am zweckmässigsten vereinigen lässt. Dass die Gehorsamspflicht des Soldaten rechtlich in ausgedehnterer Weise berücksichtigt werden muss, als dies bezüglich der dem bürgerlichen Strafgesetzbuch unterworfenen Subordinationsverhältnisse geschieht, scheint uns nicht zweifelhaft.

Die Aufrechthaltung der Disciplin, die ja nicht nur im militärischen, sondern ebenso sehr im allgemeinen öffentlichen Interesse liegt, erfordert, wie ausgeführt, dass der Untergebene stets das Recht des Vorgesetzten zur Ertheilung des Befehles und seine Pflicht zur Ausführung desselben vermuthen muss — im Zweifel hat desshalb der Soldat stets zu gehorchen.

Auch dem auf eine Rechtsgüterverletzung gerichteten Befehl gegenüber muss der Untergebene insolange annehmen, dass diese Verletzung vom dienstlichen Standpunkt gefordert werde — und desshalb auch insolange Gehorsam schulden — als diese Annahme nicht für ihn unmöglich wird, unmöglich wird dadurch, dass ihm bekannt ist, dass der Vorgesetzte mit dem Befehl nicht die Begehung einer im Interesse des Dienstes liegenden und desshalb erlaubten Handlung, sondern dass er die Begehung einer vom Gesetz verbotenen Handlung bezweckt. Hier fordert Interesse der Aufrechthaltung der Disciplin und Interesse der Aufrechthaltung der Rechtsordnung gleichmässig, dass die Gehorsamspflicht aufhört.

Wir sind nun der Ansicht, dass das Princip, welches dem oben über die Begrenzung der Gehorsamspflicht des Beamten aufgestellten Satz zu Grunde liegt, auch auf die Gehorsamspflicht und Verantwortlichkeit im militärischen Dienstverhältniss anwendbar sein dürfte.

Durch die militärischen Verhältnisse ergeben sich jedoch einige Modificationen:

Einmal erscheint es bei der grossen Bedeutung der Disciplin richtig, als Grundsatz die Unverantwortlichkeit des Untergebenen für die auf Befehl begangenen Handlungen zu betonen.

Sodann wurde schon oben erörtert, dass der Untergebene im militärischen Dienstverhältniss — anders wie im Beamtenstand — nicht in der Lage ist, die Zuständigkeit des Vorgesetzten zur Ertheilung, seine eigene zur Ausführung eines Befehles und die gesetzliche Form desselben zu prüfen, weil der Untergebene principiell jede ihm von irgend einem Vorgesetzten befohlene Handlung ausführen muss, die mit dem militärischen Dienst in Beziehung steht, und weil eine bestimmte Form für militärische Befehle nicht vorgeschrieben ist. Der Untergebene hat jeden Befehl, der auf eine Diensthandlung gerichtet ist, zu vollziehen; eine Unterscheidung zwischen »Dienstbefehl« und »Befehl in Dienstsachen« zu machen, erscheint uns aus den oben angeführten Gründen durchaus unzweckmässig; berechtigt und zweckmässig ist nur eine Unterscheidung zwischen »Dienstbefehlen« und »Privatbefehlen«.*)

Es dürfte sich aus diesen Gründen für die Bestimmung über die Verantwortlichkeit für auf Befehl begangene Handlungen im Militärstrafrecht folgende Fassung empfehlen:

»Wird durch die Ausführung eines Dienstbefehles ein Strafgesetz verletzt, so ist dafür der befehlende Vorgesetzte allein verantwortlich.

War jedoch dem Untergebenen zur Zeit der Ausführung bekannt, oder musste ihm nach Lage der Umstände bekannt sein, dass der Vorgesetzte mit dem Befehl die Begehung einer strafbaren Handlung bezwecke, so macht sich der Untergebene durch den Vollzug des Befehles verantwortlich.«

---

## Capitel 18.

## Die Verantwortlichkeit des Untergebenen.

Die allgemeinen Grundsätze über die Verantwortlichkeit für auf Befehl begangene strafbare Handlungen wurden bereits im ersten Theil erörtert.

Es kann sich somit hier nur darum handeln, zu untersuchen, ob diese Grundsätze auch für das Militärstrafrecht Geltung beanspruchen können und inwieweit etwa in den Militärverhältnissen liegende Eigenthümlichkeiten eine besondere Berücksichtigung im Strafrecht verlangen.

Als erste und wichtigste Frage müssen wir uns hier beantworten: Ist die Wirkung, die der Befehl auf den zum Gehorsam Verpflichteten äussert und äussern muss im Militär-Subordinations-

*) Vgl. Herziening van het, Militairstrafrecht. Entwurf ausgearbeitet von Mr. H. van der Hoeven S. 218.

verhältniss grundsätzlich eine andere als diejenige, die wir in bürgerlichen Unterwürfigkeitsverhältnissen gefunden haben?

Zweifellos ist der Vorgang der Entschlussfassung bei dem Untergebenen gegenüber einem ihm ertheilten Befehl der nämliche. Der Befehl tritt zunächst als ein von aussen gesetztes Motiv auf. Gegen dieses Motiv tauchen andere Motive auf, und es kommt schliesslich zu einer Abwägung der vorhandenen Motive; bei dieser Abwägung kann nun der Befehlsempfänger den Befehl zum Entschlussgrund werden lassen und dementsprechend gehorsamen, oder er kann dem ihm von aussen gesetzten Motiv Widerstand leisten und den Befehl nicht vollziehen.

Es besteht also nicht etwa hier für den zum Gehorsam Verpflichteten eine Nothwendigkeit, den Befehl zum Entschlussgrund werden zu lassen.

Würden wir das annehmen, so müssten wir nicht nur die Fähigkeit des Willens leugnen, von aussen gesetzte Motive niederkämpfen zu können, sondern wir müssten auch die Behauptung aufstellen, es sei überhaupt unmöglich, dass gegen das durch den Befehl gesetzte Motiv andere mächtigere Gegenmotive auftauchen könnten. Dass diese Behauptung eine nicht beweisbare wäre, liegt zu Tage. Wir haben oben darzuthun versucht, dass der zum Gehorsam Verpflichtete allgemein durch den Befehl als solchen nicht in den Zustand versetzt wird, den wir als »Nothstand« im Sinne des § 52 des Strafgesetzbuches bezeichnen.

Wir müssen hier diese Frage noch einmal aufwerfen und zwar um desswillen, weil thatsächlich die in dem Wesen des Befehls im militärischen Dienstverhältniss begründete Drohung eine andere, weitergehende ist, als in den oben behandelten Unterwürfigkeitsverhältnissen.

Das dem Ungehorsamen drohende Uebel ist nach Militärrecht nicht Disciplinarstrafe im weitesten Sinn, sondern es ist grundsätzlich Criminalstrafe;*) — Criminalstrafe, die in einer empfindlichen und lange dauernden, ja selbst lebenslänglichen Freiheitsstrafe, bestehen kann.**)

---

*) Nur in »leichteren Fällen« kann der Ungehorsam disciplinarisch geahndet werden. Vgl. § 92 des Militär-Strafgesetzbuches und § 3 Ziffer 1 des Einführungsgesetzes vom 20. Juni 1872 zu demselben.

**) Vgl. § 92 des Militär-Strafgesetzbuchs.

Ungehorsam vor dem Feinde ist in § 95 Abs. II sogar mit der Todesstrafe bedroht.

Wenn man die grosse Strenge in's Auge fasst, mit welcher das Militärstrafrecht jeden Ungehorsam gegen dienstliche Befehle des Vorgesetzten bestraft, so liegt es nahe, anzunehmen, dass der Vorgesetzte auf seine Untergebenen durch den Befehl einen gewissen Zwang ausübe. Dies ist sicherlich richtig. Und ebenso ist auch nicht zu leugnen, dass in dem Befehl des Vorgesetzten grundsätzlich die Drohung enthalten ist, dass der Untergebene, falls er nicht gehorcht, schwere Strafe für seinen Ungehorsam zu erwarten habe.

Gewiss gehorcht mancher Untergebene manchem Befehle nur desshalb, weil er die für einen allenfallsigen Ungehorsam zu erwartende Strafe fürchtet.

Gleichwohl lässt sich vom Standpunkt des § 52 dieser Befehl nicht als Vis compulsiva auffassen; unser Gesetzbuch fordert hier, um die Straflosigkeit des Thäters zu begründen, dass er »durch eine Drohung, welche mit einer gegenwärtigen, auf andere Weise nicht abwendbaren Gefahr für Leib oder Leben seiner selbst oder eines Angehörigen verbunden war, zu der Handlung genöthigt worden ist«. *)

Dies trifft für den Befehl nicht zu.

Einmal nämlich ist die Drohung, welche in dem Befehle liegt, nicht mit einer Gefahr für »Leib oder Leben« verbunden, die Drohung enthält grundsätzlich nur die Gefahr einer längeren oder kürzeren Freiheitsentziehung auf dem Wege der eventuellen Bestrafung des Ungehorsams mit Arrest, Gefängniss- oder Festungshaft.

---

*) van der Hoeven, Herziening van het Militär-Strafrecht Th. I S. 221 ff nimmt an, dass der Soldat in einem »Pflichtennotstand« handle und dass die Straflosigkeit des dem Befehl zu einer srafbaren Handlung Folge Leistenden sich aus Art. 40 des bürgerlichen Strafgesetzbuches begründen lasse; er hält deshalb die Aufnahme einer besonderen Bestimmung über die Verantwortlichkeit für auf Befehl begangene Handlungen in das Militär-Strafgesetzbuch nicht für erforderlich. Wir verkennen nicht, dass sich diese Auffassung insonderheit mit Rücksicht auf die weiten Grenzen, innerhalb deren der Richter nach holländischem Recht das Vorliegen von »overmacht« anzunehmen in der Lage ist rechtfertigen lässt. Allein wir halten es für wichtig, dass das Militär-Strafgesetzbuch ausdrücklich den Grundsatz betont, dass der Untergebene Befehlen, von denen ihm bekannt ist, dass sie eine strafbare Handlung bezwecken, nicht Gehorsam zu leisten schuldig ist und dass er sich durch Befolgung derartiger Befehle verantwortlich macht. Auch im Interesse der Zweckmässigkeit empfiehlt es sich u. E. dem Untergebenen einen derartigen Anhaltspunkt für sein Handeln zu geben.

Vgl. auch Herziening van het Militär-Strafrecht Th. II. Verslag der Commissie. S. 147 ff.

Eine Freiheitsentziehung kann aber als Gefährdung des Leibes im Sinne des § 52 nicht erachtet werden.*) De lege ferenda erscheint dieser Standpunkt unseres Strafgesetzbuches allerdings als ungerechtfertigt und man wird die Ausdehnung des Nothstandsbegriffes für die Fälle der »Gefahr für irgend welche rechtlichen Interessen« für richtig erachten müssen.

Zum anderen ist zu sagen, dass die Gefahr der Freiheitsentziehung auch keine »gegenwärtige, auf andere Weise nicht abwendbare« ist, denn der eventuelle Eintritt der Strafe des Ungehorsams kann stets erst nach einer Untersuchung und Verurtheilung durch den Richter erfolgen, und dies erfordert auch bei dem summarischsten Verfahren doch immerhin so viel Zeit, dass die Gefahr der Bestrafung im Momente der Gehorsamsverweigerung als eine im Sinne des Gesetzes »gegenwärtige, auf andere Weise nicht abwendbare« nicht erscheinen kann.

Endlich aber — und das ist vor Allem zu bedenken — liegt die Drohung mit Criminalstrafe nur in dem auf eine rechtmässige Handlung gerichteten Befehl, in dem Befehl zu einer strafbaren Handlung — von dem Befehl in Dienstsachen zu einer sich als Uebertretung characterisirenden Rechtsverletzung abgesehen — ist die Drohung mit einer Bestrafung des eventuellen Ungehorsams rechtlich überhaupt gar nicht enthalten, denn der Untergebene ist ja einem solchen Befehl Folge zu leisten nicht schuldig und kann desshalb, auch wenn er den Gehorsam weigert, hiewegen nicht bestraft werden.

In einem inhaltlich rechtswidrigen Befehl liegt keine rechtlich realisirbare Drohung mit einer Freiheitsentziehung auf dem Wege der Bestrafung.

Dass der Befehl ebensowenig als »unwiderstehliche Gewalt« im Sinne des § 52 angesehen werden kann, ergiebt sich aus dem Gesagten. Selbst eine in sicherer Aussicht stehende Freiheitsstrafe könnte, da ihr Eintritt zeitlich von dem Moment des Ungehorsams

---

*) Vgl. H. Meyer, Lehrbuch des Deutschen Strafrechts S. 341.

v. Liszt, Lehrbuch des Deutschen Strafrechts S. 153.

H. Meyer, Die Gerechtigkeit im Strafrecht, Gerichtssaal 1881 S. 132.

Wohl auch Berner, Lehrbuch des Deutschen Strafrechts S. 100: »Im Grundgedanken unseres Gesetzes liegt, dass eine Gefahr für den Leib erst dann anzunehmen ist, wenn dem Leibe ein Uebel droht, zu dessen freiwilliger Ertragung eine ungewöhnliche sittliche Kraft gehören würde.«

Anderer Ansicht. Hälschner, Lehrbuch Bd. I. S. 497.

immerhin entfernt ist, wohl vielleicht als Drohung, niemals aber als »unwiderstehliche Gewalt« aufgefasst werden.

Es muss hier ausdrücklich bemerkt werden, dass wir, wenn wir auch die Einwirkung einer Vis compulsiva principiell nicht als Grund der Straflosigkeit des dem Befehl zu einer strafbaren Handlung folgeleistenden Untergebenen auffassen können, damit durchaus nicht bestreiten wollen und können, dass Fälle denkbar sind, wo es thatsächlich der auf den Untergebenen ausgeübte psychische Zwang ist, der die Straflosigkeit des Untergebenen begründen muss.

Dies wird z. B. immer dann anzunehmen sein, wenn der Vorgesetzte, um die Ausführung des Befehles zu erzwingen, von der Waffe Gebrauch macht oder den Untergebenen mit ihrer Anwendung direct bedroht.

In Gemässheit des § 124 des Militärstrafgesetzbuches*) ist der Vorgesetzte ja ausdrücklich befugt, um seinen Befehlen Gehorsam zu verschaffen, von der Waffe Gebrauch zu machen. Wohl zu beachten ist aber dabei, dass dieser Waffengebrauch nur dann ein berechtigter sein kann, wenn der Befehl, zu dessen gewaltsamer Durchführung die Waffe angewendet wird, ein gesetzmässiger ist. Ist dies nicht der Fall, so befindet sich der Untergebene dem Vorgesetzten gegenüber, wenn er sich gegen denselben vertheidigt, im Zustande der Nothwehr.

Wir anerkennen also den auf den Untergebenen ausgeübten Zwang überall da als Grund der Straflosigkeit der auf Befehl ausgeführten strafbaren Handlung, wo der Vorgesetzte thatsächlich einen

---

*) § 124 des M.-Str.-G.-B.:

»Diejenigen Handlungen, welche der Vorgesetzte begeht, um einen thätlichen Angriff des Untergebenen abzuwehren, oder um seinen Befehlen im Falle der äussersten Noth und dringendsten Gefahr Gehorsam zu verschaffen, sind nicht als Missbrauch der Dienstgewalt anzusehen.

Dies gilt namentlich auch für den Fall, wenn ein Officier in Ermangelung anderer Mittel, den durchaus nothwendigen Gehorsam zu erhalten, sich in der Lage befunden hat, gegen den thatsächlich sich ihm widersetzenden Untergebenen, von der Waffe Gebrauch zu machen.«

Vgl. auch Seemann's Ordnung, vom 27. Dezember 1872 §§ 79, 2: »Bei einer Widersetzlichkeit oder bei beharrlichem Ungehorsam ist der Schiffer zur Anwendung aller Mittel befugt, welche erforderlich sind, um seinen Befehlen Gehorsam zu verschaffen«

Ueber diese Bestimmung Binding, Handbuch des Strafrechts, Bd. I Seite 794.

solchen Zwang angewendet und der Untergebene diesem Zwang gehorchend den Befehl ausgeführt hat*).

Richtig aufgefasst, gehorcht aber in einem derartigen Fall der Untergebene eben überhaupt nicht mehr dem »Befehl«, sondern der ausserhalb des Befehls stehenden, durch den Vorgesetzten auf ihn ausgeübten Vis compulsiva.

Dasselbe ist innerhalb der im ersten Theil behandelten Unterwürfigkeitsverhältnisse der Fall.

Allein gleichwohl kann die Wirkung des Befehls im militärischen Dienstverhältniss auf die Verantwortlichkeit des Untergebenen nicht vollkommen nach den für die bürgerlichen Verhältnisse maassgebenden Grundsätzen beurtheilt werden, und zwar um deswillen nicht, weil es für den Soldaten — was nach allgemeinen Grundsätzen nicht der Fall, wohl aber nach den für den Beamten maassgebenden Grundsätzen — rechtsverbindliche Befehle giebt, die auf eine Rechtsgüterverletzung gerichtet sind. Ein derartiger rechtsverbindlicher Befehl wirkt dann, wie oben erörtert, als persönlicher Schuldausschliessungsgrund für den zum Gehorsam Verpflichteten.

Für die Wechselbeziehung zwischen Gehorsamspflicht und Verantwortlichkeit bestimmend ist dabei die Grenze, innerhalb deren der Untergebene gegenüber dem ihm ertheilten Befehle zu einer Prüfung in Bezug auf die Competenz des Vorgesetzten zur Ertheilung des Befehls und das Vorhandensein der formellen und materiellen Gesetzmässigkeit berechtigt bezw. verpflichtet ist: je enger das Prüfungsrecht, desto enger die Verantwortlichkeit.

Ist das Prüfungsrecht vollkommen ausgeschlossen, wie dies bei der Pflicht zu absolutem Gehorsam der Fall ist, so entspricht dem die unbedingte Unverantwortlichkeit des Untergebenen für auf Befehl des Vorgesetzten begangene strafbare Handlungen.

Wenn dieser Grundsatz für die strafrechtliche Beurtheilung als maassgebend gesetzlich anerkannt ist, so hat der Richter lediglich zu untersuchen, ob der Untergebene die strafbare Handlung auf Befehl seines Vorgesetzten begangen hat. Sobald festgestellt ist, dass der Untergebene die That in der Annahme ausgeführt hat, dass formell für ihn ein Befehl zu der Handlung vorgelegen und

---

*) Vgl. Köstlin, System des Strafrechts, Bd. I S. 310.
v. Holtzendorff, Rechtslexicon Bd. I S. 252
H. Meyer, Lehrbuch S. 325
Olshausen, Commentar zum Strafgesetzbuch, Bd. I. Anmerk. 12b zu § 52 S. 255.

dass dieser Befehl von seinem Vorgesetzten ihm ertheilt wurde, so kann der Untergebene — von den Folgen eines schuldhaften Irrthums in seiner Annahme abgesehen — für den richtigen Vollzug des Befehls nicht verantwortlich gemacht werden.

Kein Zweifel, dass auf diese Weise das Princip des absoluten Gehorsams dem Richter die Beurtheilung der Verantwortlichkeit des Untergebenen am einfachsten macht.

Bei dem Standpunkt, von dem unser Militärstrafgesetzbuch ausgeht, steht dem Untergebenen ein doppeltes Prüfungsrecht zu: Er hat zunächst zu prüfen, ob der Befehl seines Vorgesetzten ein »Dienstbefehl« oder ob er ein »Befehl in Dienstsachen« ist, und wenn letzteres der Fall, ob der Befehl eine Handlung bezweckt, welche das Strafgesetzbuch als »Verbrechen« oder »Vergehen« mit Strafe bedroht, oder ob er eine Handlung bezweckt, die sich als »Uebertretung« charakterisirt.

Liegt nur ein »Dienstbefehl« vor, so macht sich der Untergebene strafrechtlich verantwortlich, wenn er den Befehl ausführt, trotzdem er sich des rechtswidrigen Charakters der befohlenen Handlung — gleichgültig, ob Verbrechen, Vergehen oder Uebertretung — bewusst geworden ist.

Einem Dienstbefehl gegenüber muss der Untergebene also prüfen, ob die befohlene Handlung sich als Rechtsverletzung qualificiren kann.

Einem Befehl in Dienstsachen gegenüber wird eine derartige Prüfung nicht verlangt — nur wenn dem Untergebenen »bekannt« ist, dass ein Verbrechen oder Vergehen bezweckt wird, macht er sich durch die Befolgung des Befehles strafrechtlich verantwortlich.

Der Ausdruck »wenn ihm bekannt gewesen, dass der Befehl des Vorgesetzten eine Handlung betraf, welche ein bürgerliches oder militärisches Verbrechen oder Vergehen bezweckte« bedeutet nicht, dass sich der gehorchende Untergebene verantwortlich macht, wenn ihm bekannt gewesen ist, dass die befohlene Handlung nach dem System des Strafgesetzbuches in § 1 sich als Verbrechen oder Vergehen charakterisirt, oder dass die betreffende Handlung vom Strafgesetzbuch »Verbrechen des Mordes« oder »Vergehen der (gefährlichen) Körperverletzung« genannt wird. Es handelt sich hier vielmehr darum, dass der Untergebene dann strafbar wird, wenn ihm das Vorhandensein von Merkmalen in der befohlenen Handlung bekannt ist, in denen das Strafgesetzbuch irgend ein Verbrechen oder Vergehen ausgeprägt findet.

Das »bekannt gewesen sein« in § 47 will somit dasselbe sagen, wie das »wissentlich« Beistandleisten bei dem Vergehen der Begünstigung in § 257 des bürgerlichen Strafgesetzbuches: »Der Begriff des wissentlich Beistandleistens erfordert, dass der Angeklagte bei der Beistandleistung das thatsächliche Vorhandensein derjenigen Merkmale kannte, worin das Gesetz irgend ein Verbrechen oder Vergehen ausgeprägt findet, also desjenigen geschichtlichen Hergangs, wodurch die vorausgegangene That der Categorie eines Verbrechens oder Vergehens strafrechtlich unterstellt wird« (Urtheil des Reichsgerichtes vom 26. September 1881, Rechtsprechung Bd. III S. 536 ff.)*).

Die Prüfung, ob »Dienstbefehl« oder »Befehl in Dienstsachen« kann im Sinn unseres Strafgesetzbuches nur eine Prüfung nach rein äusserlichen Beziehungen sein. Denn würde sich die Prüfung auch darauf erstrecken, ob materiell eine »Diensthandlung« befohlen ist, so wäre die weitere Prüfung der strafrechtlichen Qualificirung der befohlenen Handlung überhaupt zwecklos, da sie, als durch den Dienst gefordert, sich für den Soldaten als strafbare Rechtsverletzung überhaupt nicht darstellen könnte.

Hat der Untergebene in entschuldbarem Irrthum, dass der ihm ertheilte Befehl ein »Befehl in Dienstsachen« sei, eine Uebertretung oder eine Rechtsverletzung begangen, von der ihm nicht »bekannt« war, dass sie ein bürgerliches oder militärisches Verbrechen oder Vergehen darstelle, so kann er für diese Handlung nicht verantwortlich gemacht werden**).

In Gemässheit der Ziffer 1 des § 47 wird der Untergebene für die Ausführung eines Befehls in Dienstsachen verantwortlich gemacht, »wenn er den ihm ertheilten Befehl überschritten hat«. Statt des Wortes »wenn« würde hier besser »insoweit« stehen***), denn wenn die durch den Befehl bezweckte Thätigkeit sich als

*) Ueber den Vorsatz bei der Begünstigung vgl. Meyer, Lehrbuch des Deutschen Strafrechts S. 306.

Olshausen, Commentar, Note 25 zu § 257 (Bd. II. S. 1052).

**) Dazu Hecker, Lehrbuch S. 91: »Man wird bei der Feststellung dieses Thatumstandes (ob es dem Untergebenen bekannt war, dass ein Verbrechen oder Vergehen bezweckt wurde) auf den schlichten Verstand des zum Gehorsam erzogenen Soldaten billig Rücksicht nehmen und immer daran festhalten müssen, dass es sich bei dem gehorchenden Untergebenen um ein wirkliches »Bekanntsein mit der verbrecherischen Absicht des Vorgesetzten gehandelt haben muss, wenn er zur Mitverantwortung gezogen werden soll.«

***) Vgl. Koppmann, Commentar, Anmerk. 2. zu § 47 S. 170.

Uebertretung darstellt, oder wenn dem Untergebenen nicht bekannt war, dass dieselbe eine Rechtsverletzung bildet, die sich im Sinne des Gesetzes als Verbrechen oder Vergehen qualificirt, so bleibt der Untergebene, insoweit er nur das dem Befehl Entsprechende gethan hat, auch dann straflos, wenn er den Befehl überschritten hat; Strafe soll ihn nur treffen, insoweit er den Befehl überschritten, d. h. für diejenige Handlung, die er nicht durch den Befehl als solchen veranlasst, sondern aus anderen, ausserhalb des Befehls liegenden Gründen begangen hat.

Die Ueberschreitung kann dolos oder culpos geschehen, und es kann sich dementsprechend der Untergebene auch einer dolosen oder culposen Handlung schuldig machen.

Durch die Bestimmung der Ziffer 1 wird übrigens nur eine allgemein gültige und selbstverständliche Regel ausgesprochen, eine Besonderheit des Militärstrafrechtes wird damit nicht geschaffen.

---

Capitel 19.

## Die Verantwortlichkeit des Vorgesetzten.

Der Vorgesetzte, auf dessen Befehl eine strafbare Handlung begangen worden ist, kann als Anstifter oder als mittelbarer Thäter für die Verbrechen des Untergebenen zur Verantwortung gezogen werden.

In der Regel ist der Befehlsgeber als Anstifter zu betrachten, da, wie oben angeführt wurde, durch den Befehl als solchen ein Fall der sogen. mittelbaren Thäterschaft nicht begründet wird; durch die Besonderheiten des Militärstrafrechts wird eine Ausnahme von dieser Regel nicht geschaffen.

Als Anstifter zu der begangenen Handlung kann jedoch der Vorgesetzte nach allgemeinen Grundsätzen nur dann und nur insoweit bestraft werden, als die rechtsverletzende Handlung dem Befehlsinhalt entspricht.

Lag der Entschluss, die Handlung zu begehen, bei dem Untergebenen schon vor ehe das Mittel, welches ihn herbeiführen sollte — der Befehl — angewendet wurde, so kann von einer Anstiftung nicht die Rede sein, weil der Befehlsgeber hier den Thäter nicht zu der von demselben begangenen Handlung »bestimmt« hat. Möglicherweise lässt sich in einem derartigen Fall feststellen, dass das angewandte Mittel den Entschluss, wenn auch nicht hervorgerufen, so doch in seiner Energie bestärkt habe; man wird dann die Wirkung des Befehls auf den »alias facturus« als »intellectuelle Beihülfe« zu erklären und den Vorgesetzten in Gemässheit des § 49 des Strafgesetzbuches als Gehilfen zu strafen in der Lage sein*).

Als mittelbarer Thäter erscheint der Vorgesetzte — von den anderen Fällen, in denen, wie oben ausgeführt, mittelbare Thäterschaft anzunehmen ist, abgesehen, — dann, wenn der Untergebene den auf die strafbare Handlung gerichteten Befehl ohne die Vorstellung von der Causalität seines Thuns vollzogen hat.

Es wird dieser Fall nicht selten vorkommen, denn die Gewöhnung an unbedingten und sofortigen Gehorsam ist innerhalb der Unterwürfigkeitsverhältnisse im Heer eine so weitgehende, und muss eine so weitgehende sein, dass dadurch die strafrechtlich etwa relevanten Momente im Vollzug eines Befehls dem Untergebenen, insbesondere natürlich dem geistig weniger Entwickelten, oftmals gar nicht zum Bewusstsein kommen.

Wenn wir sagten, dass auch für das Militärstrafrecht der allgemeine Grundsatz Geltung behaupte, dass der Befehlsgeber in der Regel als Anstifter zu betrachten ist, so steht diese Ansicht mit der Auffassung in § 47 des Militärstrafgesetzbuches unseres Erachtens nicht im Einklang.

Es heisst dort nämlich in Absatz 1:

». . . Es trifft jedoch den Untergebenen die Strafe des Theilnehmers, wenn er, . . .« Wenn nun hier der Ausdruck »Theilnehmer« im Sinne des § 50 des bürgerlichen Strafgesetzbuches gebraucht ist, so ergibt das, da als »Theilnehmer« dann nur Mitthäter, Anstifter und Gehilfen gelten können, dass das Gesetz den Untergebenen in den Fällen, in welchen es ihn für verantwortlich erklärt, als Mitthäter oder als Gehilfen und den Vorgesetzten dementsprechend als Thäter auffasst.

Koppmann**) ist anderer Anschauung; er meint: »Wenn das Gesetz überhaupt sagt, es treffe den Untergebenen die Strafe des Theilnehmers, so sollte hier sicher nur eine Rechtsfiction geschaffen werden, ähnlich wie es in § 99 des Militärstrafgesetzbuches

*) Vgl. H. Meyer, Lehrbuch S. 293.
Birkmeyer, Theilnahme S. 122.

**) Koppmann, Commentar Anm. 16 zu § 47 S. 171.

oder im § 111 des bürgerlichen Strafgesetzbuches heisst: »ist gleich dem Anstifter zu bestrafen«.

Koppmann*) und ebenso Hecker betrachten den befehlenden Vorgesetzten als Thäter, »wenn der Untergebene durch seinen Befehl gedeckt, also straflos ist«, in allen übrigen Fällen — auch vom Standpunkt des § 47 aus — als Anstifter.

Die von Koppmann und Hecker vertretene Ansicht entspricht unseres Erachtens nicht der Auffassung, von der das Gesetz im § 47 ausgeht; sie entspricht nicht der Entstehungsgeschichte des Paragraphen.

Der Entwurf zum Militärstrafgesetzbuch sagte im § 58:

»Wird von einer Person des Soldatenstandes durch Ausführung eines Befehles in Dienstsachen eine mit Strafe bedrohte Handlung begangen, so ist der Vorgesetzte, welcher den Befehl ertheilt hat, als Thäter zu betrachten.

Der Untergebene bleibt straflos, insoweit er den Befehl nicht überschritten hat.

Er ist jedoch als Mitthäter zu betrachten, wenn die Befolgung des Befehls eine Handlung gegen die militärische Treue in sich schliesst«.

Die Motive**) bemerken hierzu:

»Mag nun bei Ausführung eines Befehls in Dienstsachen, durch welche eine mit Strafe bedrohte Handlung begangen wird, der Untergebene straffrei oder strafbar sein, der Entwurf nimmt ausnahmslos an, dass, dem befehlenden Vorgesetzten gegenüber, der gehorchende Untergebene nur als dessen Handhabe erscheint. Aus diesem Grunde soll in allen diesen Fällen der Vorgesetzte nicht sowohl als der Anstifter, sondern vielmehr als der Thäter betrachtet werden«.

Von der Auffassung, dass der Untergebene nur die Handhabe, das willenlose Werkzeug des Vorgesetzten sei, ist nun aber der § 47 im Princip nicht abgegangen, was aus dem Ausdruck »Theilnehmer«, der nur eine Erweiterung des Ausdruckes »Mitthäter« im Entwurf sein soll, deutlich hervorgeht.

Koppmann***) selbst betrachtet den Untergebenen in den Fällen, in welchen seine Verantwortlichkeit auf Grund des § 47 aus-

---

*) Koppmann a. a. O., Anm. 8 u. 11 zu § 47 S. 167 ff.
Hecker, Lehrbuch S. 93.

**) Drucksachen des Reichstags, erste Legislaturperiode, dritte Session 1872 Nr. 5 S. 80 f.
Vgl. auch oben Capitel 14.

***) Koppmann, Commentar S. 168 Anm. 8.

geschlossen ist, als »gewissermassen ein willenloses Werkzeug in der Hand des Vorgesetzten«.

Wird nun der Untergebene thatsächlich als willenloses Werkzeug des Befehlsgebers angesehen, so ist es unseres Erachtens nur consequent, wenn man dann den Vorgesetzten »Thäter« nennt.

Dass diese Auffassung logisch unrichtig ist, insbesondere gerade in einer Bestimmung, in welcher nicht etwa die Unverantwortlichkeit, sondern vielmehr die Verantwortlichkeit des gehorchenden Untergebenen konstatirt werden soll, bedarf wohl keines weiteren Beweises.

Die Qualificirung des Vorgesetzten als Thäter in Gemässheit des § 47 auch dann, wenn der Untergebene für die Handlung selber verantwortlich gemacht wird, würde nun aber den Grundsätzen des allgemeinen Theiles des bürgerlichen Strafgesetzbuches, die durch § 2 des Militärstrafgesetzbuches auf militärische Verbrechen und Vergehen entsprechend anwendbar erklärt sind, direct widersprechen und würde für die Qualificirung des Untergebenen, wie unten noch darzustellen ist, zu den seltsamsten Consequenzen führen.

Aus diesem Grunde empfiehlt es sich zweifellos für die Praxis, die Auffassung Koppmann's anzunehmen und demgemäss den Vorgesetzten in den Fällen, in welchen der Untergebene verantwortlich gemacht wird, als Anstifter zu betrachten.

Wie schon bemerkt, bezeichnen nun aber Koppmann*) sowohl wie Hecker den Vorgesetzten dann als Thäter, wenn der Untergebene durch den Befehl gedeckt, also für die Ausführung der Handlung unverantwortlich ist.

Koppmann begründet diese Ansicht in folgender Weise: — ». . . Ist derjenige, welcher den Befehl vollzogen hat — weil gewissermassen ein willenloses Werkzeug in der Hand des Vorgesetzten — nicht strafrechtlich verantwortlich, ist er durch den Befehl vollständig gedeckt, so kann derjenige, welcher den Befehl ertheilt hat, nicht als Anstifter behandelt werden, weil eben ausser ihm kein Thäter da ist, sondern er muss als Thäter behandelt werden.«

Wir können diese Auffassung nicht für richtig erachten. Einmal um deswillen, weil der Untergebene thatsächlich kein willenloses Werkzeug ist. Und sodann darum, weil Anstiftung auch dann angenommen werden muss, wenn zwar kein »strafbarer Thäter«,

*) Koppmann, Commentar Anm. 16 zu § 47 S. 168.
Hecker, Lehrbuch S. 93.

wohl aber eine »strafbare That« vorhanden ist*), wie es hier der Fall. Denn der persönliche Schuldausschliessungsgrund der Gehorsamspflicht schützt den gehorchenden Untergebenen zwar vor Strafe, nichtsdestoweniger bleibt aber, wie oben mehrfach erörtert, eine »strafbare Handlung« im Sinne des § 48 des bürgerlichen Strafgesetzbuches bestehen.

Werden nun im Militärstrafrecht hinsichtlich der Qualificirung des Befehlsgebers als Anstifter oder mittelbarer Thäter keine wesentlichen Abweichungen von den allgemeinen Grundsätzen des bürgerlichen Rechtes begründet, so sind doch durch specielle Bestimmungen des Militärstrafgesetzbuches für die strafrechtliche Beurtheilung des Vorgesetzten einige bemerkenswerthe Besonderheiten geschaffen.

Zunächst wird durch § 116 die Anstiftung als solche mit Strafe bedroht: »Wer es unternimmt, durch Missbrauch seiner Dienstgewalt oder seiner dienstlichen Stellung einen Untergebenen zu einer mit Strafe bedrohten Handlung zu bestimmen, wird mit Freiheitsstrafe bis zu einem Jahr bestraft«**).

Die Anstiftung wird damit von der Handlung, zu welcher angestiftet wurde, losgelöst und als »Delictum sui generis« erklärt***). Wenn also der Vorgesetzte es unternimmt, durch einen Befehl†) den Untergebenen zur Begehung einer strafbaren Handlung zu bestimmen, so wird er um dieses Befehls willen betraft, gleichgültig, ob der Untergebene überhaupt auf den Befehl gar nicht reagirt hat oder wenigstens nicht bis zu einer strafbaren Versuchshandlung gekommen ist.

Unter den »strafbaren Handlungen« sind sowohl Verbrechen und Vergehen des Militär- und des bürgerlichen Strafgesetzbuches als auch Uebertretungen — des bürgerlichen Strafgesetzbuches — zu verstehen††). Es wird somit durch den § 115 die erfolglose Anstiftung zu einer Uebertretung als Vergehen mit Strafe bedroht.

---

*) Vgl. v. Liszt, Lehrbuch S. 231.
Birkmeyer, Theilnahme S. 155 Anm. 279 u. S. 156.

**) Der Paragraph 49a des bürgerlichen Strafgesetzbuches hat hier keine Anwendung zu finden.
Vgl. auch Hecker, Lehrbuch S. 87.

***) Vgl. § 357 des bürgerl. Strafgesetzbuches.

†) Der Befehl zu einer mit Strafe bedrohten Handlung kann sich sowohl als »Missbrauch der Dienstgewalt«, wie als »Missbrauch der dienstlichen Stellung« darstellen.

††) Vgl. Hecker, Lehrbuch S. 233.

Eine weitere Besonderheit des Militärstrafrechts wird durch § 115 geschaffen:

»Wer durch Missbrauch seiner Dienstgewalt oder seiner dienstlichen Stellung einen Untergebenen zu einer von demselben begangenen, mit Strafe bedrohten Handlung vorsätzlich bestimmt hat, wird als Thäter oder Anstifter mit erhöhter Strafe belegt*).«

Die Erhöhung der Strafe hat in Gemässheit des § 53 zu erfolgen:

»Wo dieses Gesetz eine erhöhte Freiheitsstrafe androht, kann dieselbe das doppelte der für das betreffende Verbrechen oder Vergehen angedrohten Freiheitsstrafe erreichen; sie darf jedoch den gesetzlich zulässigen Höchstbetrag der zu verhängenden Strafart nicht übersteigen**).«

Wenn der § 115 sagt, »wird als Thäter oder Anstifter mit erhöhter Strafe belegt,« so soll unseres Erachtens als »Thäter« derjenige betrachtet werden, der den Untergebenen »durch Missbrauch seiner Dienstgewalt« zu einer strafbaren Handlung bestimmt hat; Missbrauch der Dienstgewalt liegt aber dann vor, wenn der Vorgesetzte dem Untergebenen einen »Befehl in Dienstsachen« im Sinne des § 47 zu einer solchen Handlung ertheilt hat.

Handelt es sich dagegen um einen Befehl in Privatangelegenheiten, so macht sich der Vorgesetzte weniger eines Missbrauches seiner Dienstgewalt, als vielmehr eines »Missbrauches seiner dienstlichen Stellung« schuldig; in einem derartigen Falle — auf den die Bestimmungen des § 47 nicht Anwendung finden — betrachtet das Gesetz den Vorgesetzten als »Anstifter.«

Damit eine Bestrafung des Vorgesetzten aus § 115 eintreten kann, muss der Untergebene »eine mit Strafe bedrohte Handlung« begangen haben, nicht erforderlich ist demnach, dass der Untergebene wegen der Handlung thatsächlich bestraft wird, es hat vielmehr eine Bestrafung des Vorgesetzten auch dann zu erfolgen, wenn der Untergebene wegen Vorliegen eines persönlichen Schuldausschliessungsgrundes, wie derselbe durch § 47 begründet wird, straflos bleibt.

---

*) Mit der Bestimmung des § 115 lässt sich die Erhöhung der Strafe vergleichen, welche in Gemässheit der §§ 115 u. 125 des bürgerlichen Strafgesetzbuches den Rädelsführer trifft.

Vgl. auch Seemann's Ordnung vom 27. Dezember 1872, §§ 89 u. 91.

**) Ueber die Bestimmung der §§ 115 u 116 des M.-Str.-G.-B. Vgl. insbes. Koppmann, Commentar S. 429 ff

Die Strafe des Vorgesetzten wird zunächst in Gemässheit des § 48 des bürgerlichen Strafgesetzbuches nach demjenigen Gesetz festgesetzt, »welches auf die Handlung Anwendung findet, zu welcher er wissentlich angestiftet hat,« d. h. es wird in den Fällen, in welchen gemäss der Auffassung des Militärstrafgesetzbuches, der Vorgesetzte als Thäter erscheint, eine Strafe festgesetzt, gleich als ob der Vorgesetzte die Handlung selbst begangen hätte, während da, wo der Vorgesetzte als Anstifter zu betrachten ist, die Bestimmung des § 48 unmittelbar zur Anwendung kommt.

Die für den Thäter bezw. Anstifter festgesetzte Strafe ist dann nach § 53 des Militärstrafgesetzbuches zu erhöhen.

---

Capitel 20.

## Mitthäterschaft und Beihilfe.

### A. Qualificirung des Untergebenen als Mitthäter oder Gehilfe.

In einem Circularschreiben des preussischen Generalauditoriats vom 12. Juli 1886 (citirt und im Auszug abgedruckt bei Hecker, Lehrbuch S. 94 u. 318) finden sich folgende Ausführungen über die Qualificirung des Untergebenen als Mitthäter oder Gehilfe:

»Liegen die Voraussetzungen des § 47 des Militärstrafgesetzbuches vor, hat also der Untergebene dem Befehle des Vorgesetzten Folge geleistet, so ist der Vorgesetzte als Thäter, der Untergebene als Theilnehmer zu bestrafen. Die Theilnahme des Untergebenen wird den Charakter der Beihilfe tragen, falls er lediglich dem Befehle nachgebend gehandelt hat und nur als Werkzeug des Vorgesetzten zu betrachten ist. Dagegen wird Mitthäterschaft anzunehmen sein, falls die Handlung — obwohl durch den Befehl des Vorgesetzten veranlasst — doch zugleich als eine selbstgewollte des Untergebenen anzusehen ist.«

Das preussische Generalauditoriat steht damit auf dem — im Sinne des § 47 unseres Erachtens vollkommen richtigen — Standpunkt, dass, falls die Voraussetzungen des § 47 gegeben sind, der Vorgesetzte, welcher den Befehl zu der strafbaren Handlung ertheilt hat, stets als »Thäter« betrachtet werden muss. Wie unlogisch aber diese Auffassung ist, zeigt sich aus den Consequenzen, die das Generalauditoriat bei der Qualificirung des Untergebenen zu ziehen sich genöthigt sieht, mit grosser Deutlichkeit. Der § 47 sagt: ». . . . Es trifft jedoch den Untergebenen die Strafe des Theilnehmers:

1. wenn er den ihm ertheilten Befehl überschritten hat, oder
2. wenn ihm bekannt gewesen, dass der Befehl des Vorgesetzten eine Handlung betraf, welche ein bürgerliches oder militärisches Verbrechen oder Vergehen bezweckte.«

Der Untergebene ist also nicht »Thäter« — das ist ja der Vorgesetzte — sondern er muss sich in Gemässheit der in § 50 des bürgerlichen Strafgesetzbuches gegebenen Definition entweder als »Mitthäter« oder als »Gehilfe« qualificiren. Was versteht nun unser Strafgesetzbuch gemeiniglich unter den Ausdrücken »Mitthäter—Mitthäterschaft«, »Gehilfe—Beihilfe«?

Mitthäter sind diejenigen, welche »eine strafbare Handlung gemeinschaftlich ausführen« (§ 47 des bürgerlichen Strafgesetzbuches).

Wenn man denjenigen »Thäter« nennt, der durch seine Thätigkeit allein die Thatbestandsmerkmale eines Verbrechens herbeiführt, so wird man als »Mitthäter« diejenigen Personen bezeichnen können, welche durch ihre Thätigkeit in bewusstem und gewolltem Zusammenwirken diese Thatbestandsmerkmale erfüllen.

»Alleinthäterschaft« ist gegeben, wenn eine Person allein thätig wird, »Mehrthäterschaft« oder Mitthäterschaft liegt vor, wenn mehrere Personen mit einander thätig werden. Für den Begriff der Mitthäterschaft ist eine nothwendige Bedingung die Thätigkeit mehrerer Personen. Diese Bedingung wird in den vom § 47 vorgesehenen Fällen principiell nicht erfüllt, denn wenn der Vorgesetzte nicht nur den Befehl gibt, sondern sich zugleich auch an der Ausführung der befohlenen Handlung betheiligt, wird er nicht als Thäter, sondern als Mitthäter erscheinen. Von diesem Falle abgesehen ist die Thätigkeit des Vorgesetzten aber eine rein psychische; Mitthäterschaft erfordert ein »ausführen« und ausführen erfordert ein körperlich thätig werden. Körperlich thätig wird allein der Untergebene und nicht der Vorgesetzte.

In den Fällen der Ziffer 1 u. 2 des § 47 wird die Verantwortlichkeit des Untergebenen begründet; strafrechtlich verantwortlich gemacht werden kann nur, wer »handelt.« Der Vorgesetzte kann als Thäter lediglich dann betrachtet werden, wenn man den Untergebenen als Werkzeug in seiner Hand und ihn durch diesen als handelnd betrachtet. Der Untergebene ist aber in den Fällen der

Ziffer 1 u. 2 kein Werkzeug, denn er wird für seine »Handlungen« verantwortlich gemacht. Also ist der Untergebene allein Thäter und wenn nur ein Thäter vorhanden ist, ist Mitthäterschaft begrifflich ausgeschlossen.

Das Generalauditoriat bezeichnet den Untergebenen als Mitthäter dann, falls die Handlung, obwohl durch den Befehl des Vorgesetzten veranlasst, doch zugleich als eine selbstgewollte des Untergebenen anzusehen ist.

Es soll damit wohl eine Unterscheidung je nach dem Interesse des Untergebenen getroffen werden: will der Untergebene die That als That des Vorgesetzten, dann ist er nur Gehilfe, will er die That aber als seine eigene, so ist er Mitthäter. Diese, vom Standpunkt der subjectiven Theorie aus an sich zu rechtfertigende Unterscheidung nach der Willensrichtung des Thäters ist in der Weise, wie sie hier gebraucht wird, durchaus unrichtig. Denn es setzt doch die subjective Theorie ebenso wie die objective bei der Qualificirung einer Person als Mitthäter oder Gehilfe unbedingt voraus, dass diese Person nicht die einzige ist, welche zur Herbeiführung des Erfolges überhaupt körperlich thätig wurde.

Auch wenn der Untergebene »lediglich dem Befehle nachgebend« gehandelt hat, so hat er doch immerhin »gehandelt«, das heisst, er ist in Gemässheit seines eigenen Willens thätig geworden und hat deshalb die That, die er auf Befehl ausgeführt, als seine That gewollt. Der Untergebene hat nun aber nicht etwa den Vorgesetzten in der Herbeiführung der Thatbestandsmerkmale nur unterstützt, sondern er hat den Thatbestand des Delicts in seiner Totalität allein verwirklicht.

Es geht also nicht an, den Untergebenen in den Fällen, in welchen er überhaupt verantwortlich gemacht wird, als »Mitthäter« oder »Gehilfen« zu qualificiren, wie dies von Seite des oben citirten Circularschreibens des Generalauditoriats geschieht.

Selbstverständlich soll damit nicht bestritten werden, dass Fälle möglich sind, in denen sich die Thätigkeit des Untergebenen als »Mitthäterschaft« oder »Beihilfe« charakterisirt: Wenn der Vorgesetzte den Untergebenen A und B den Befehl gibt, eine strafbare Handlung zu begehen, dann können sich A und B, je nachdem sie den Befehl »gemeinschaftlich ausführen« oder der eine dem andern zur Begehung des Delictes »wissentlich Hilfe leistet«, als Mitthäter oder der eine als Thäter und der andere als Gehilfe darstellen.

Solange aber der einzelne Untergebene allein durch seine Thätigkeit die Thatbestandsmerkmale eines Verbrechens erfüllt, kann er logischerweise immer nur als »Alleinthäter« betrachtet werden.

### B. Sonstige Theilnehmer.

Insoweit nicht durch § 47 des Militärstrafgesetzbuches eine Abweichung bedingt wird, sind in Gemässheit des § 2 a. a. O. die Bestimmungen des bürgerlichen Strafgesetzbuches über Theilnahme auf die Beurtheilung der durch das Militärstrafgesetzbuch mit Strafe bedrohten Handlungen zur Anwendung zu bringen.

Wie oben erörtert, wird durch § 47 für den gehorchenden Untergebenen ein persönlicher Schuldausschliessungsgrund, der Schuldausschliessungsgrund der »militärischen Gehorsamspflicht« geschaffen.

Aus dem Charakter als persönlicher Schuldausschliessungsgrund folgt aber, dass nur der »Thäter«, nicht die »That« unter den durch § 47 vorgesehenen Bedingungen straflos zu bleiben hat, und dass der § 47 nur für diejenigen Theilnehmer an der Handlung zu wirken vermag, die in Gemässheit ihrer Gehorsamspflicht thätig geworden sind. Haben mehrere Untergebene gemeinschaftlich eine strafbare Handlung ausgeführt, so kann desshalb Straflosigkeit auf Grund des § 47 nur für diejenigen eintreten, die auf Befehl des Vorgesetzten thätig geworden sind.

Wenn der Vorgesetzte A dem Untergebenen B befohlen hat, eine strafbare Handlung zu begehen, so wirkt der ertheilte Befehl allein für B, haben sich also C und D an der Ausführung der Handlung betheiligt, ohne hiezu Befehl erhalten zu haben, so können sie sich auf den dem B gegebenen Befehl principiell nicht berufen. Denkbar ist dabei allerdings, dass der Vorgesetzte dem Untergebenen B die Ausführung einer Handlung anbefohlen hat, von der er weiss, dass sie B nicht allein ausführen kann, sondern, dass mehrere hiezu mitwirken müssen; der Befehl nöthigt hier den Untergebenen, sich zur Ausführung Hilfe zu suchen. Wenn nun der Untergebene B seinen Kameraden C und D gleichsam den Befehl überbringt, ihm bei der Durchführung behilflich zu sein, so werden auch C und D von der Wirkung des dem B ertheilten Befehles mit umfasst.

B kann in einem derartigen Fall nicht als »Anstifter« bestraft werden, weil der ihm gegebene Befehl die Beiziehung anderer Personen zur Ausführung der befohlenen Handlung mit zum Inhalt hat.

Auch wenn mehrere Untergebene einen Befehl unmittelbar vom Vorgesetzten erhalten haben, kann der Befehl vom Standpunkte des § 47 aus für die Ausführenden von verschiedenartiger Wirkung sein. Hat z. B. der Vorgesetzte den Untergebenen B, C und D den Befehl zu einer strafbaren Handlung gegeben, so ist es denkbar, dass B die Ansicht hat, dass der Befehl auf eine strafbare Handlung geht, und dass kein »Befehl in Dienstsachen«, sondern nur ein »Dienstbefehl« vorliegt, C dagegen kann annehmen, dass ein »Befehl in Dienstsachen« gegeben sei, und dass sich die befohlene Handlung als »Uebertretung« charakterisire, D endlich kann zwar fürchten, dass die Handlung ein Verbrechen oder Vergehen bilde, es ist ihm dies aber nicht »bekannt«, und er hält den Befehl für einen »Befehl in Dienstsachen.«

Stellt sich die befohlene Handlung thatsächlich als Verbrechen und der Befehl als »Dienstbefehl« dar, so kann nur B bestraft werden, C und D müssen auf Grund des § 47 straflos bleiben.

Haben mehrere Untergebene auf Befehl ihres Vorgesetzten eine strafbare Handlung gemeinschaftlich ausgeführt, so ist eine strafrechtlich verschiedenwerthige Betheiligung der einzelnen Untergebenen möglich: sie können sich entweder alle als »Mitthäter«, oder theils als »Mitthäter«, theils als »Gehilfen« qualificiren, je nachdem sich die Thätigkeit des Einzelnen als Ausführungshandlung darstellt oder nicht.

Hat der Vorgesetzte sich an der Ausführung der strafbaren Handlung betheiligt, so kann auch er, neben seiner Eigenschaft als »Anstifter«, sich als »Mitthäter« oder »Gehilfe« qualificiren, doch wird hier die leichtere Form der Betheiligung von der schwereren mitumfasst und lediglich bei der Strafzumessung kann die mehrfache Mitwirkung berücksichtigt werden*).

Wenn der Vorgesetzte eine strafbare Handlung als Thäter begangen hat, so kann sich die Thätigkeit auch des einzigen mitwirkenden Untergebenen dann als blosse Beihilfe darstellen, wenn die befohlene Handlung und die ihr entsprechende Thätigkeit die Thatbestandsmerkmale des Verbrechens nicht umfasst, sondern lediglich eine Unterstützung der verbrecherischen Thätigkeit enthält.

---

*) Vgl. Geyer, Grundriss Bd. I S. 142.

H. Meyer, Lehrbuch S. 281: »Der Grund davon ist der, dass auch der Theilnehmer nicht schwerer als mit der Strafe des Delictes zu strafen ist, die Strafe der schwereren Arten der Theilnahme aber der Strafe des Delictes gleich ist.«

v Liszt, Lehrbuch S. 233.

Wenn auch Civilpersonen an militärischen Verbrechen »Theilnehmer« sein können*), so kann doch der Natur der Gehorsamspflicht entsprechend die Bestimmung des § 47 nur für Militärpersonen, die sich eben in dem Unterwürfigkeitsverhältniss befinden, wirksam werden.

Personen des Beurlaubtenstandes unterliegen zwar im Allgemeinen auf Grund des § 6 des Militärstrafgesetzbuches den Bestimmungen dieses Gesetzes nur in der Zeit, in welcher sie sich »im Dienste« befinden, § 113 a. a. O. betont jedoch ausdrücklich, dass eine Person des Beurlaubtenstandes, auch während sie sich nicht im Dienst befindet, nach den Vorschriften der §§ 89 bis 112 bestraft wird, wenn sie sich »des Ungehorsams oder der Widersetzung gegen einen rechtmässigen Befehl in dienstlichen Angelegenheiten schuldig macht«. Da demnach die Personen des Beurlaubtenstandes Befehle in Dienstsachen von ihren Vorgesetzten erhalten können und zum Gehorsam gegenüber denselben verpflichtet sind, wird man die allgemeine Bestimmung des § 47 über die Grenzen der Gehorsamspflicht und die strafrechtliche Verantwortlichkeit für auf Befehl begangene Handlungen auch auf sie für anwendbar erklären müssen, trotzdem dies im Militärstrafgesetzbuch nicht ausdrücklich ausgesprochen ist.

---

*) Vgl. Hecker, Lehrbuch S. 88.
v. Liszt, Lehrbuch S. 236.
Urtheil des Reichsgerichts vom 1. April 1887. Entscheidungen Bd. XV. S. 396 ff.
Dagegen Koppmann, Commentar S. 149.
Oppenhof, Commentar § 48 Note 4 S. 114.

www.ingramcontent.com/pod-product-compliance
Lightning Source LLC
LaVergne TN
LVHW042245300926
849161LV00003B/480
* 9 7 8 3 4 8 6 7 2 6 8 4 8 *